다시 그 섬

박정향 수필집

다시 그 섬

박정향 수필집

1판 1쇄 인쇄/ 2019년 11월 15일
1판 1쇄 발행/ 2019년 11월 20일

지은이 / 박 정 향
펴낸이 / 우 희 정
펴낸곳 / 도서출판 소소리

등록 / 제300-2007-21호
주소 / 03073 서울 종로구 성균관로 5길 39-16
전화 / 765-5663, 010-4265-5663
e-mail: sosori39@hanmail.net
www.sosori.net

값 12,000 원

*잘못된 책은 바꿔드립니다.

ISBN 979-11-5891-130-0 03810

박정향 수필집

다시 그 섬

책을 내면서

이상향, 그 섬을 향해

긴 여정을 가노라면 곧은 길과 굽은 길을, 가파른 길과 완만한 길을 갈 때가 있습니다. 때로는 급하게, 때로는 느린 걸음으로 실수와 고뇌와 새로운 시도를 통한 보람과 환희를 거듭하며 살아왔습니다. 이런 경험적인 삶의 흔적들을 문학적 사유를 거쳐 네 번째의 글 모음, 수필집으로 엮습니다.

지난날들을 뒤돌아보면 내 지각을 일깨우는 회한도 바람도 많았습니다. 더욱 낮은 자리에서 내밀한 이야기에 귀를 기울였습니다. 장래의 여망도 펴보는 우리들의 이야기에도 충실했습니다. 다시 새롭게 이상향, 그 섬을 향해 시작을 거듭하는 길 위에서의 이야기를 독자들과도 공유할 수 있게 되어 여간 기쁘지 않습니다.

내 삶의 주인으로 늘 함께하시며 여기까지 인도하시는 나의 하나님께 먼저 감사드립니다. 그리고 가족, 친지, 문우, 이웃,

자연의 삼라만상에 이르기까지 내가 그들 속에, 그들이 내 속에서 역사함으로 오늘의 내가 있고 내 글이 존재할 수 있게 되었음을 밝힙니다.

남은 여정에서도 살아가는 이유와 글 쓰는 이의 바른 정체성과 소명도 분명해지기를 바라며 성심을 다하렵니다. 격려에 힘입어 움츠러드는 가슴을 펴 보렵니다. 이 출간을 계기로 온 누리에 퍼지는 햇살 같은 은혜와 기쁨이 나의 생에 더욱 이어졌으면 합니다.

항상 작가나 독자 모두의 마음에 들도록, 최선을 다해 책을 만드는 출판사에도 감사드립니다.

2019년 11월 청계산 자락에서

이당 박정향

▸차 례

▸책을 내면서

1. 기도하는 나무

산당화 분재 앞에서 —· 12
사람이 집인 곳으로 —· 15
조개와 새벽달이 놀러 나오는 섬 —· 20
동 행 —· 22
이 또한 지나가리라 —· 26
빈 의자 —· 30
인생도처 유상수(人生到處 有上手) —· 33
마음 따뜻한 사람, 사람들 —· 38
명작과 장인 정신 —· 43
아름다운 결혼식 —· 48
기도하는 나무 —· 54
봄의 울렁증에 감사, 또 감사 —· 57

2. 어느 날 문득

슬픔의 찬란한 봄일지라도 —· 62
시간, 그 조화 속에서 —· 66
닮고 싶다 —· 71
사랑의 묘약 —· 74
4월 어느 날에 —· 79
가볍게 떠나기 —· 82
가슴으로 쓰는 편지 —· 86
거스르다 —· 91
굽은 길과 완행열차 —· 94
어느 날 문득 —· 97
꽃피우고 열매 맺기 위해서 —· 101
나의 어머니 —· 103
추억의 굴비 멀덕국 —· 107

3. 바람의 길에서

내 서정을 키우던 집 —· 112
내 아이는 어떤가 —· 116
뇌가 웃었다 —· 121
늙은 마누라 보듯 —· 124
못생김 전성시대 —· 127
바람의 길에서 —· 130
비 오는 날 버스 안에서 —· 133
소리, 자연의 소리 —· 137
속성이 아닌, 숙성을 —· 140
식사하셨어요 —· 144
정한(情恨) —· 148
옥수수 —· 152
긴 날숨으로, 좀 느리게 —· 155

4. 인생을 노래하다

인생을 노래하다 —· 160
그 섬, 그 사람 · 2 —· 164
은연중 만나는 이름 없는 스승들 —· 169
클래식 콘서트에서 만난 삶 —· 173
덕수궁 돌담길, 정동길을 걷다 —· 177
영정 사진 —· 181
청계산에 살으리랐다 · 9 —· 186
청계산에 살으리랐다 · 10 —· 191
세상 살아가는 이야기 · 1 —· 196
세상 살아가는 이야기 · 2 —· 202
세상 살아가는 이야기 · 3 —· 205
세상 살아가는 이야기 · 4 —· 210
세상 살아가는 이야기 · 5 —· 215

1.

기도하는 나무

산당화 분재 앞에서

산당화 분재를 집으로 옮겨 놓았다. 같은 철쭉 분재 회원이 분재원에 갔다가 꽃망울이 많이 맺힌 내 분재를 보고 설 명절쯤이면 피어서 가족과 함께 감상할 수 있을 것이라고 알려줘서다. 그땐 쉽게 꽃망울을 터트릴 것 같지 않았다. 그러나 지금은 마치 붉은 미소를 띤 봄 처녀처럼 웃고 있다. 한파를 녹이고 움츠린 몸을 활짝 웃게 하는 기쁨을 주고 있다. 때 되면 어련히 피련만 못 참고 매일 들여다보는, 내 기다림의 결실을 한 개씩 안겨주어 행복하다.

명자꽃이라고도 하는 산당화는 원래 봄에 피는 장미과에 속한다. 분재원의 온실 속에서 계절을 착각했는지 일찍 꽃망울을 맺은 것이다. 언뜻 보기엔 매화와 비슷하지만 선비들이 즐겨 그렸던 사군자엔 들지 않는다. 찬바람 속 겨울을 인동초처럼 견디며 피는 격조 높은 매화도 아니다. 하지만, 장미꽃처럼 붉고 화사하게 다가오는 꽃이다. 핑크빛 꽃잎이 둥글고 풍만한 꽃송이를 이룬다. 소담스러우면서 고운 게, 부끄럼 타는 아가씨 같은 꽃이다. 안의 노랗고 긴 꽃 수술이 화려함을 더해준다. 그래서인지 산당화는 여인들이 보면 봄바람이 난다하여 집 울안에는 못 심게 했다는 말이 있을 정도로 예쁘다.

선비들은 난(蘭)이나 매화꽃 앞에서 그 은은한 향기를 품은 고매한 인격의 군자를 떠올리며 붓 끝으로 화선지를 메웠다. 시절을 읊으며 벗과 소회(素懷)를 나누며 때를 기다렸을 것이다. 나 같은 평범한 여인에게 이런 난이나 매화보다는 꽃이 맑고 화사하되 소탈하니 야무지게 보여서 곁에 두어 벗 삼기는 딱인 것 같다. 난의 낭창하게 휘인 잎에 날카로운 붓끝을 탄 듯 예리하면서도 범접하기 힘든 고상한 꽃잎보다는 산당화의 둥글면서 모가 나지 않은 꽃모양이 친근감을 더해 주기 때문이다. 더욱이나 분재의 단단하고 굵은 나무 등걸에서 뻗어간 수형이 잘 잡혀서 거실에 두고 잦은 눈길에도 물리지 않는다. 나무줄기에 망울망울 달린 꽃봉오리가 개나리나 벚꽃처럼 한 번에 터트려서 '확' 웃게 만들기보다는 서서히 하나씩 피워감으로 봄을 엿보게 하는, 그 기다림만으로도 충분한 즐거움을 준다.

지금쯤 남녘에는 만인의 사랑을 받는 동백꽃도 한창 붉은 빛을 토하며 피었을 것이다. 해마다 찾아가는 동백 사랑 대신에 이 봄은 산당화로 만족하리라. 즐거운 삶이란 게 별것이겠는가.

내 마음의 뜰에 이 꽃 하나만으로도 움츠린 추운 겨울을 보내고 봄을 맞는 설렘에 며칠은 행복감에 젖어 서성인다. 행복은 큰 것에서부터가 아니라 일상의 작은 일에서도 얻게 됨을 산당화 분재 앞에서 새삼 깨닫는다.

사람이 집인 곳으로

혼자 사시던 할머니
요양병원 가신 후,
엄마는 이제 외갓집은
집이 아니래

그럼
외할머니가 집이었네.
사람이 집이네.

– 강정규, 「집」

가슴으로 읽는 동시다.

엄마의 마음을 꽉 채웠던 외할머니는 집이었다. 집만 집이 아니라 내 안을 차지했던 사람이 집이었든 셈이다. 그러고 보면 나도 집이고. 온전한 한 채의 집인 거다. 사람이 찾아오지 않은 집은 쓸모없고, 아무도 찾지 않은 사람은 폐가와 다름없다. 그럴 땐 얼마나 허무하고 삶의 의미도 빛바랬을까. 자신인 집을 잘 갈무리해서 건강하게 가꾸면 스스로가 건실한 집 한 채가 되리라. 위의 동시에 대해서 풀어 놓은 어느 동시작가의 이야기를 나름대로 정리해봤다.

요양병원에 있을 때 한 선배님이 메시지를 통해서 한 말이 생각났다. 박완서 작가의 '몸은 전셋집과 같다'는 말을 했다. 갈 때가 되면 집을 비워주고 훨훨 떠난다고. 그러니 욕심 부리지 말고 사람답게 잘 쓰고 가라는 뜻으로…. 선한 사람을 집으로 표현한 게 같은 맥락이다.

요양병동 704호실은 내가 한 달여 머물렀던 곳이다. 한 병실에 환자 4명에 간병인까지 5명이 함께 지내지만 집은 아니었다. 내내 집에 가고 싶은 이유였다. 비록 외할머니나 누군가가 기다리는 건 아니어도 내가 살던 집은 내 몸이나 다름없는, 내 체온이 깃든 곳이었으니까. 병실은 집이 아닌, 그냥 병실일 뿐이다.

새벽에 간호사가 병실로 들어오는 때를 시작으로 똑같은 환자복을 입은 사람들이 그 시간에 일어나 하루가 시작된다. 세끼를 같은 시간에 각자 똑같은 식판을 놓고 밥을 먹는다. 환자 질병에 따라 조금 다를 뿐 반찬도 밥도 거의 같다. 간병인은 쳇바퀴 돌 듯 돌아가며 시중을 든다. 어렸을 적에 골목에서 시간가는 줄 모르고 놀다가 어머니의 부름 받고 들어선 사랑이 깃든 집이며 집밥에야 어찌 비기랴. 병원 영양사가 환자의 영양 섭취를 고려해서 최선을 다했겠지만 사랑이 배인 조리가 아니라서인지 병원 밥이 달갑지가 않을 때가 많다.

거기에다 환자 4명 중 한 분은 간암 말기 환자, 한 분은 일주일에 두 번 투석하는 환자, 또 한 분은 뇌졸중으로 반신불수다. 나만 그런대로 제일 나은 편이다. 고통하며 죽어가는 사람을 봐야하고, 옆에는 말 못하고 제대로 움직이지 못하는 노인이 있고, 그나마 대화 대상이 투석 환자인데 가끔 치매기가 있어 황당하게 한다. 가족이 아닌, 이런 타인들과 지루하게 시간 죽이는 일과를 보내는 일도 사람이 집이라는 것을 더욱 실감케 한다.

복도에서 만나는 환자마다 표정이 똑같다. 병고 때문인지 입은 꽉 다문 채 무표정이다. 가볍게 인사해도 퀭한 눈으로 멀거니 쳐다본다. '겉이 아닌 내면을 보라'는 옛 성현의 말에도 불구하고 우리는 장신구며 입은 옷이며 드러난 단서로 타인을 쉽게 판단한다. 겉모습은 일부에 불과한 것을. 그런데 환자복은 인격이 없는 그냥 환자일 뿐으로 만드나 보다. 무안해서 웃음기를 거둔다. 그래도 다시 만나 목례를 하면 그때는 얼굴을 푼다.

재활치료실에 내려가면 똑같은 휠체어를 타고 순서를 기다리느라고 일렬로 죽 앉아 있는 모습은 다 한결같다. 불안하고 굳어있는 표정에 생기라곤 없다. 하체 근육 강화를 위해서 침대를 세워 벨트에 메인 채 서 있게 하는 환자들의 모양과 표정은 더하다. 웃음이 절로 나왔다. "왜 웃어요?" 나를 치료 해주는 재활치료사가 묻는다. "한결같은 저분들의 모습이나 표정들 때문에요." "할머니도 똑같아요." 하며 핀잔을 준다. 그렇구나, 바로 나네. 병원이 집이 아니니 그럴 수밖에 없을 것이다.

수술한 병원에서는 맑은 하늘 쳐다볼 여유도 없이 수술 부위 통증에, 재활치료 받느라 시달리면서 세월이 약이고, 희망이 약이지 하고 스스로를 다독이며 참았다. 그러나 이곳으로 옮겨 오면서 부터는 내 일상이 거의 몰수당했다 할 수 있다. 답답하면 바깥 풍경이 보이는 복도 끝으로 가서 아래를 내려다본다. 세상 움직이는 긴 대열들이 보이면 살아있다는 게 감사했다. 밤에 잠이 안 올 때 창밖의 집마다 늦게까지 눈 밝힌 올빼미들의 불야성을 보노라면 내 일상으로 복귀를 꿈꾸는 희망도 생겼다. 그리고 때로는 문우들과 함께하고 카페에서 우아하게 차 마시며 담소할 날을 상상했다. 그땐 내 몰골이 말이 아니라서일 거다. '오는 4월, 동인 모임에 난 건강한 모습으로 걸어서 갈수 있어' 라고 자신에게 최면도 걸었다. 같은 고관절 수술로 투병하는 선배님에게 '우리 4월에 같이 참석 할 수 있도록 열심히 걷기 운동해요' 제안도 했다.

드디어 완쾌는 아니어도 한 달 동안의 요양과 재활치료를 끝내고 퇴원했다. 아니, 이 7병동 704호 병실로부터 자진 탈출이라고 해야 할 것이다. 그곳에서 하루하루 지내기가 너무 힘들고 집이 너무 그리워서다. 외할머니가 집인, 바로 그 집처럼 내가 집인 곳으로 돌아가는 게 안식이고 모든 것의 회복이었다.

조개와 새벽달이 놀러 나오는 섬

그 섬이 다시 그립다.

그리운 사람을 곁에 오래 머물게 하고 싶어도 그럴 수 없는 것처럼 그 섬 또한 내 곁에 오래 머물진 않는다. 그래서 그리운 거다. 그리운 사람들끼리는 맨 얼굴, 눈빛만 주고받아도 좋듯, 그 섬이 그렇다. 섬 시인의 시가 파도처럼 밀려온다.

> 맨발로 시를 읊는다
> 시도 맨발이다
> 우이도에 오면 신발이 귀찮아
> 신(神)도 신을 벗는다
> 신(神)과 사람이 맨발이다.
>
> – 이생진, 「맨발」

떠나온 사람에게 남은 섬은 그리움이고 외로움이 된다. 오히려 그 외로움이 많은 이야기를 쏟고 있지만.

몇 해 전에 가을햇살이 쇠잔해질 무렵 동인들과 그 섬을 다녀온 일이 있다. 4년 전에 갔을 때 하도 좋아서 두 번째 걸음이었다. 오랜 기다림 끝의 만남처럼 설렜다.

발자국 하나 없는 백사장의 파도가 그려놓은 파문은 마치 반기면서 번지는 미소다. 사람 보기가 어려운 이곳은 파도와 바람만이 말을 걸어온다. 사구(砂丘)엔 해조음과 바람소리를 먹고 자란 순비기와 통보리사초가 앉은걸음으로 반긴다. 나란히 뻗은 작은 무늬의 귀여운 발자국이 있다. 도요새가 사구를 지나 숲으로 들어갔나 보다. 노시인이 시구(詩句)에서처럼 신발을 벗은 맨발이고 나직한 목소리로 시를 읊는다. 일몰의 해 그림자를 쫓아 영상에 취한 우리는 어두움이 밀려오도록 그곳을 떠날 줄 몰랐다.

숙소로 가는 길목엔 아주까리가 여전히 열매를 단 채 마른 몸으로 서 있었다. 내 모습을 닮았다. 어린 시절 그 이파리로 봉숭아 물 들이던 때를 생각했다. 이곳은 모든 게 자연 그대로다. 그래서 지금의 내가 아닌 또 다른 나를 만나게 한다. 민박집 밥은 예나 지금이나 바다와 산천이 들어앉은 밥상이다. 도시인의 껄끄러운 입맛을 잠재우는 맛, 섬만큼이나 반갑다.

해가 진 후 해변 산책 또한 백미다. 섬이 흑발채로 어슴푸레 물러서면 달빛이 은빛 날개 달고 맨발로 달려온다. 하늘에선 수많은 보석들이 쏟아져 내리고 새벽엔 조개도 달빛과 놀러 나오는 곳, 이곳에서는 옷도 신발도 거추장스럽다. 잠시나마 인생의 겉옷과 지친 신발을 벗으면 그리 편하고 즐거운 것을, 그래서 참 쉼을 이 섬에서 경험한다. 다시 찾은 섬, 우이도다.

동 행

제주도 산방산 자락의 용머리 해변을 걸었다. 유채꽃밭을 지나고 매화와 수선화가 핀 봄을 만났다. 하지만 세찬 바닷바람에 아직도 서성이고 있는 서울의 추위를 우리가 몰고 왔나 싶었다. 쌀쌀한 바람에도 아랑곳하지 않고 두 여인이 서로 껴안고 사진을 찍는다. 과거와 현재는 물론 미래까지 동행할 우정의 포옹이다. 곁에서 바라보는 사람의 시선도 흐뭇하다. '사람이 꽃보다 아름답다'는 어느 시인의 말이 있다. 자연도 자연이지만 외모만이 아닌, 같이 하는 사람 사이의 정이 더 아름답게 보여서일 것이다. 자연도 사람도 평생 함께해야 할 아름다운 동행을 이곳에서 즐기고 있다.

다행히 만조가 아닌 썰물 때라서 층층이 쌓인 사암층 암벽과 바다가 빚은 해안 비경을 한 바퀴 둘러볼 수 있게 됐다. 가까이에는 '하멜상설 전시관'*이 있다. 더 머물러서 아름다운 풍광과 오랜만에 일몰의 정취에도 푹 빠지고 싶었지만 만만치 않은 세파에 마음대로 되지 않은 세상일처럼 옷깃을 단단히 여미고 그곳을 떠났다. 그러나 기억에 남는 것은 구름 사이로 빗살처럼 쏟아지는 햇살에 출렁이는 은빛 푸른 해안과 암벽과의 신비로운 조화가 절경이다. 바다와 바위와 사람과의 자연스러운 조화이기도 하다. 태고로부터 사연을 품고 불어오는 바람까지 한 몫 하는 곳이다.

움츠린 몸도 풀 겸 산방산 밑에 있는 탄산 온천수욕으로 피로를 풀고 나올 때는 늦은 저녁이었다. 밥집을 찾아 가로등이 없는 시골길을 한참 헤맸다. 구경도 좋지만 여행은 무엇보다 먹는 즐거움이 크잖은가. 물론 동행한 사람끼리 담소(談笑)는 여행의 즐거움을 더하게 하지만 배고픔 해결도 우선이었다. 전에 와본 적이 있었던, 싱싱한 모둠구이가 주 메뉴였던 식당을 찾아 어두운 길을 한참 헤매었다. 겨우 찾았을 때는 너무 늦어 손님을 받지 않았다. 겨우 따끈한 해물탕 집에서 식사를 해결했다. 일상에서 식상한 집밥에서 벗어난 새로움이야 비할 바 아니지만 시장도 반찬이었다. 동행한 이들과 식탁에 둘러 앉아 함께한 식사가 입맛을 더해줌은 말할 나위가 없다.

다음날 서귀포의 명소 쇠소깍 근처에 있는 게우지코지 카페에 들렀을 때다. 게우지코지는 전복내장 모양을 한 해안이라서 붙여진 이름이란다. 제주도에 여러 번 왔지만 이처럼 조용하고 아름다운 해변을 낀 카페에서 마시는 커피 맛은 새로운 경험이었다. 바쁘게 움직이는 관광보다 이런 느긋한 여유로움이 훨씬 여행의 진미를 느끼게 했는지도 모른다. 들어서자 구운 빵 냄새와 커피향이 나그네를 정겹고 포근하게 맞아주었다. 창밖을 통해 본 구름과 바위와 멀리 떨어진 섬들이 한 폭의 수채화다. 그것들은 오손도손 손잡고 모여 앉은 이웃끼리의 모습이다. 자연 속에 사람이 있고 사람 가운데 자연이 있음을, 그래서 같이 공존함으로써 삶이 얼마나 풍요로운가를 여행지에서 늘 실감하곤 한다.

제주도는 역시 바다가 주연이다. 사람은 모여 살아도 외롭지만 바다는 밀려오고 밀려가는 파도와 바람과 바닷새 소리의 내밀한 이야기들에 외로워 할 틈이 없어 보인다. 널리 펼쳐진 바다를 멀리, 가까이 보면서 확 트인 가슴이 어린애처럼 좋아하게 만든다. 때로는 자연이 어른도 동심으로 돌아가 외롭지 않게 한다. 동심은 외로움을 모르는 순수한 마음이며, 순수함은 인간의 원형질인 것을, 나이가 먹어감에 따라 변질되었을 뿐이다.

이래서 어른의 잃어버린 순수성을 회복하기 위해 어깨동무하며 바다로 나가고, 여러 여행지를 찾아다니는지도 모른다. 삶이 쫓기듯 헉헉거리며 지칠 때 잠시나마 삶의 무게를 내려놓고 설레며 떠난다. 무료하고 무력증에 빠져 자신이 싫어질 때에도 떠난다. 새롭게 자신을 만나기 위해서일 것이다. 동행한 사람과의 우정을 돈독하게 하는 계기라면 더욱 그렇다. 이번처럼 여유로운 일정으로 조금이나마 여행의 진수를 맛보게 된다면 금상첨화일 것이다.

아직은 어디든 동행할 친구가 곁에 있어 좋다. 두 다리 성하고 감성이 아직 쇠하지 않은 때 부지런히 다닐까 한다.

*네덜란드의 헨드릭 하멜일행이 일본 나가사키로 가던 중 폭풍우를 만나 이곳 해변에 표착하여, 파선된 상선을 복원한 스메르베르흐호 모형.

이 또한 지나가리라

누구나 한번쯤 들어봤을 명구(名句) '이 또한 지나가리라'는 이스라엘 유대 다윗왕의 반지에 새겨진 말이라고 한다. 다윗이 세공인에게 날 위해 반지를 만들어 내가 전쟁에서 승리를 거두어 환호할 때 교만하지 않고, 내가 큰 절망에서 낙심할 때 좌절하지 않고, 힘들 때 스스로에게 용기와 희망을 줄 수 있는 글귀를 새겨 넣으라고 했다. 그때 지혜의 왕 솔로몬의 도움을 받아 만들어진 반지라는 설이 있다. 많은 사람이 글과 시(詩)에서, 격려의 말로, 또는 노래 가사로 이 말을 인용하고 있다. 위로와 격려의 의미를 담고 있어서일 것이다. 연일 폭염이다.

34~5도를 오르내리는 더위다. 전국이 용광로처럼 달아오른다. 살아있는 것 모두가 더위에 신음하며 무기력해지고 있다. 온난화 현상으로 어찔한 더위가 더 심해졌나 보다. 열대야에 리우 2016년 올림픽 경기의 열기까지 한몫, 요즈음은 잠 못 이루

는 밤이 잦다. 날씨와 우리네 삶의 결이 같은 것인가, 함께 간다. 그러나 인생살이의 마지막이 있듯이 결국 이 폭염 또한 지나가고, 막바지 경기의 투혼도 끝이 날 것이다. 때가 이르면 상황이 바뀌고 가을은 곧 오리니.

TV에서 8 · 15광복절 71주년을 맞아 잘 알려지지 않은 많은 독립투사들의 활동과 비화가 공개되고 있다. 그들은 조국 광복을 위해 가족을 남겨둔 채 재산 전부는 물론, 생명을 걸고 고문당하며 죽어갔다. 죽을 만큼 견뎌내면서 '이 또한 지나가리라, 조국광복은 반드시 오리니' 이렇게 말했을 것이다. 비바람 맞으며 뜨거운 태양열을 견디면서 알알이 열매가 익어가는 한여름의 이치를 생각해봐도 그렇다. 일선에서 국방의무를 다하는 아들들이, 직장과 산업현장에서 땀 흘리며 일하는 가장들이, 배움의 터전에서 꿈을 좇아 자기 진로를 향해 열심히 공부하는 자녀들이 '이 또한 지나가리라, 좋은 날은 오리니' 스스로 격려하며 힘을 낼 것이다. 리우올림픽 경기장에서 뛰고 있는 선수들 또한 그간 고된 훈련 중에도 '이 또한 지나가리라, 메달은 내 것' 하면서 이날을 기다리며 견디었을 것이다.

꿈이 현실로 이루지는 것은 끝까지 인내하며 희망을 갖고 노력하는 자에게만 온다지 않은가. 불안을 떨치며 가슴과 얼굴을 펴고 자신을 향해 활짝 웃어봤을 것이다. 두 손을 번쩍 들고 자신에게 최면도 걸었을 것이다. 금메달을 목에 건 어느 선수처럼, '넌, 할 수 있어, 넌, 할 수 있어, 이 또한 지나가리니'라고. 하긴 추운 겨울이 지나면 따듯한 봄이 오고, 뜨거운 여름이 지나면 결실의 가을이 오며, 가을이 지나면 다 내려놓고 생명을 품는 동면이 오게 됨을 우리는 잘 안다. 그러기에 한파도, 꽃잎이 지는 서러움도, 폭염도 견디며 소망을 가지고 기다린다. 이처럼 계절은 인생을 참 많이 닮았다. 계절도 우리와 함께 가기 때문이다. 살다보면 상황과 처지에 따라 피하고 싶은 걸림돌을 만나는 경우가 있다. 그러나 걸려 넘어지는 좌절만이 아닌, 오히려 그게 디딤돌이 되는 경우도 있다. 지나가는 과정인 것을 부딪쳐 헤쳐 나가는 지혜가 필요하다.

달궈진 땅의 열기가 식어갈 무렵이면 우리 동네 학의천엔 산책길에 나서는 사람이 참 많다. 에어컨은 누진제로 전기요금 폭탄 맞을까봐 맘 놓고 켜지 못하고, 선풍기 바람도 한계가 있어서 더위를 피해 운동 겸 밖으로 나온 사람들이다. 나도 예외는 아니다. 한낮엔 푹 고개 숙이고 입을 다물었던 달맞이꽃이 활짝 미색 웃음을 띤다. 잔잔하게 흐르는 물소리와 달빛에 서린 은빛 윤슬이 상쾌함을 더해준다. 더위에 지친 심신이라 모처럼 발걸음이 가볍다. 태양열도 때가 되니 숨을 죽였고, 달빛은 여전히 대지 위에 매끄럽게 흘러내린다. 소나무에 걸친 달이 휘영청 온 누리를 은빛으로 꽉 채우고 바람이 몸을 식혀준다. 열탕 같은 낮이 지나면 시원한 밤과의 자리바꿈 또한 지나가리다가 아닌가.

외출해서 마을버스나 지하철을 타면 냉방이 잘 돼서 오히려 집에 있는 것보다 시원하다. 며칠 전에는 친구들과의 모임에 나가서 거의 하루 종일 시원한 백화점에서 지냈다. 그곳이 다른 때엔 한가했는데 폭염이 연이어지는 날에는 우리처럼 밥을 사 먹고 차를 마시거나, 영화 관람도 하는 사람들로 벅적였다. 요즈음 같이 푹푹 찌는 날씨엔 지하철 타고 종점까지 다녀오거나 개찰구 앞 휴게 공간, 쉼터에서 피서 겸 휴식을 취하는 어르신이나 시민들이 많다. 신종 피서법이다. 추위를 막듯이 더위는 피하면서 이 또한 지나가기를 기다리는 사람들이다.

성경 구절에 '범사에 기한이 있고 천하만사가 다 때가 있나니'라고 했다. '이 또한 지나가리라'는 의미도 담겨있다. 이글거리는 태양, 헤어날 것 같지 않은 어둠의 절망 가운데서나 목표를 향한 어떤 힘든 경우에 처할지라도 자신을 감싸주는 치유의 부드러운 한마디, 나를 일으켜 세울 지혜로운 한마디, '이 또한 지나가리라' 말해주는 분이 곁에서 함께해 준다면 무엇인들 해낼 수 없으랴. 오늘도 찜통더위가 이 말로 내가 나에게 다독여주는 위로의 말이 되게 했나 보다.

빈 의자

빈 의자 하나를 만났다. 법정스님이 한때 머물렀다는 거처에서였다. 평상시에 그분이 직접 만들어 즐겨 앉으셨다는 의자다.

잘 다듬어지지 않은 나무토막 몇 개로 만든, 보기에도 초라하기 짝이 없는 모양새다. 그러나 이곳을 방문한 사람이면 한번쯤 유심히 그 의자에 눈길이 머문다. 이 의자에 앉게 되면 무슨 생각이 들까. 몸은 안락의자만큼 편치는 않겠지만 법정스님처럼 무소유의 빈 마음으로 나도 세상을 바라보는 시선이 달라질까 하는 생각이 들었다.

어쩌다 친구들과 낙엽 길 따라 길상사까지 가게 됐다. 입구에 있는 붉은 단풍나무가 바람에 살랑거리며 우릴 반겼다. 나무마다 막바지 정념을 토하며 가을이 불타고 있다. 벌써 흩날리기 시작하는 낙엽이 리듬을 타며 내 마음의 이파리를 흔든다. 눈과 마음까지 시리게 한다. 구르고 바스락거리며 온종일 몸을 뒤척이는 낙엽이 가을을 말리고 있다. 공양실 앞마당에 무와 생강도 소반에 담겨 가을이 무심하게 말라가고 있다. 그 주변으로 기와장이 얹힌 담장 어깨위로 붉은 낙엽들이 밝은 햇빛 속에 편안하게 누워있다. 그날 의자도, 경내의 모든 정경도 평화로워 '맑고 향기롭게' 보였다.

발걸음이 이어진 곳이 그 의자가 있는 '진영각(眞影閣)'건물이다. 나지막한 돌담장 밑에는 법정스님의 유골이 묻힌 곳이라는 표시판과 풀초들만 있을 뿐이다. 생전에 간소하고, 소박한 삶을 산 '무소유'주의 스님다운 자취였다. 아무런 장식도, 특별할 것도 없다. 다만 눈에 띄는 것은 그 거처 뜰 마루 옆에 놓인 그분의 빈 의자다. 문득 '마음이 가난한 자는 천국을 볼 것이요'라는 성경구절 생각이 났다. 가진 것 없이 다 내어주는 청렴한 삶이 행복하게 했을까. 진실은 어디에든 다 통할 것 같다.

탐욕도 이기심도 배제된, 빈 마음, 무념의 겸손한 사람이 앉았을 의자다. 딱딱한 나무로 만든 그 의자에 앉으면 자연히 자세가 꼿꼿하고 바르게 되어 저절로 바른 이 될 것 같다. 기대거나 버티고 앉을 의지가 못된다. 내 한 몸 이 정도면 분수에 맞지, 만족하게 여기며 쉴 의자다. 항상 비어 있어 누구든 편안한 마음으로 앉아도 될 성싶은 의자, 가깝게도, 멀리도 볼 수 있되, 높은 사람이 아닌, 아버지 같고, 맘씨 좋은 이웃집 아저씨나, 마음이 가난하고 소탈한 사람이 앉으면 딱 어울릴 의자다. 잘못을 저지른 아이가 뉘우치고 반성하라고 손들어 앉히는 의자도 이랬을 것이다. 생각이 여기까지 미치자 바로 회심할, 내가 앉아야 할 의자가 아닌가 싶기도 해서 조심스럽게 그 자리를 떠났다.

그곳을 한 바퀴 돌아 나오는데 이곳의 표어인, '맑고 향기롭게'라는 글자가 새삼 내 마음에 꽂힌다.

인생도처 유상수(人生到處 有上手)

유홍준의 저서 『나의 문화유산 답사기』를 구입했다. '아는 만큼 보인다'는 말처럼 우리 문화재에 대한 관심을 조금이나마 갖게 되면서다. 이 책을 쓴 동기에서 '사람들의 무관심 속에서 방치된 문화유산의 객관적 가치에 대한 관심을 불러일으키기 위해서'라고 한 말에 공감을 했다. 그렇다고 문화재에 대해서 많이 아는 것도 아니고 그 방면에 대해 크게 관심을 가졌던 것도 아니다. 박물관 대학에 다니는 한 친구의 이야기를 자주 듣게 된 계기가 흥미를 불러일으켰던 것 같다. 문화재는 우리의 역사이고 조상들의, 나와 내 후손들의 얼굴이고 삶이라는 것을 조금이나마 깨닫게 됐다.

자연히 신문에 난 기사를 관심 있게 읽었다. 용산 미군기지가 111년 만에 우리 품으로 돌아온다고 한다. 다음해 미군이 평택으로 이전하기 때문이다. 이곳은 우리가 미처 알지 못한, 아픈 역사적 사실이 많이 숨겨진 곳이다. 임오군란 때 흥선 대원군이 청나라에 끌려가기 전 납치된, 청군 사령부가 있었던 곳이고, 일제 강점기 때인 1906년에는 일본에 의해 완전히 왜군 군사 기지로 변해서 일본군 사령부 청사와 조선 총독부 관저가 있던 곳이다. 광복 후엔 한반도에 들어온 미군이 접수해 현재까지 용산 미군기지로 사용하고 있다. 지난 4월에 국토부가 이곳 용산기지를 박물관과 문화시설들을 유치하겠다고 발표한 바 있다.

아픈 역사적 사실이 숨겨진 곳이라는 말에는 우리의 관심도 집중된다. 문제는 이곳을 역사적 배경에 의한 문화적 가치나 현실적인 필요에 따라 어떻게 보존, 활용하느냐 일 것이다. 고심하고 있는 것은 이를 공론화해서 국민의 의견을 수렴하는 일이다. 또한 먼저 전문가들이 제대로 문화유적 조사와 발굴을 통해 보존할 것은 보존하고, 활용할 것은 활용하게 해야 할 것이다. 우리의 아픔을 지닌 역사 현장을 지우기보다는 지키고 보존해서 반면교사(反面教師)로 삼아야 할 차원에서다.

지난번 스페인 여행 중에 톨레도 대성당을 갔었다. 한때 천년 동안이나 스페인의 수도이기도 했던 톨레도는 지금도 중세풍의 모습을 많이 지닌 고도(古都)다. 유대교, 이슬람교, 그리스도교 문화가 융합된 도시라고도 할 수 있다. 그러나 스페인 가톨릭의 총 본산인 이 성당은 원래 8세기 이슬람 왕국 시절에 회교사원이 있었던 곳이다. 스페인이 이슬람 세력과 벌인 나바스 데 똘로사 전투에서의 승전을 기념하기 위해 두 왕조에 걸쳐 266년 만에 완공된 건물이라고 한다. 뛰어난 예술성과 종교적 경외감에, 스페인 가톨릭 역사를 보여주는, 바티칸 성당 다음의 세계적인 성당이다. 프랑스 고딕 양식의 건축물로 화려하면서도 장엄하고 정교한 건물임을 자랑한다. 많은 아름다운 종교 예술품이 전시되어 있을 뿐만 아니라 이 나라 출신, 고야, 에릭 그레코 같은 유명한 화가의 미술작품을 소장하고 있는 성당으로도 알려졌다. 나는 에릭 그레코의 그림 '베드로의 눈물' 앞에 섰을 땐 그 그림에서 깊은 마음의 울림을 받았다. 스승인 예수를 배반하고 돌아서서 참회하는 슬픈 표정이 그 순간 관광객이 아닌, 그리스도인으로서 저절로 제단 앞에 나아가 머리를 숙여 기도하게 했다. 그가 아닌, 바로 나 자신의 모습을 보았는지도 모른다. 그리스도인이 아니어도 하나님의 임재를, 그분에 대한 경외감을 느끼게 하는 분위기였다.

또 한 가지 새롭게 느낀 것은 그 성당이 원래 있었던 회교사원을 없애지 않고 알람브라 궁전같이 아치형으로 섬세하게 새겨진 이슬람 사원의 본 기조 건물 위에 지어졌다는 것이다. 공존이었다. 건물 아래위로 이슬람과 가톨릭, 두 개의 문화가 함께 있는 셈이다. 나라와 종교 개념을 떠나서 귀중한 가치가 있는 문화재를 아주 헐어서 없애거나 크게 훼손시키지 않고 보존하려는 의도는 물론, 기억해야할 역사성도 고려하지 않았나 싶다. 이를 보면서 유럽인들만의 문화적, 인종적 우월감의 근원은 어디서 오는가 생각했다. 그들의 찬란했던 문화유산은 지금까지 지키고 보존해온 후손들의 노력 때문이 아닌가하는 생각이 들어서 부러웠다.

옛날에 경복궁 안에 일제 강점기 때 지은 식민지 통치행정기관인 조선 총독부 건물이 있었다. 광복 후에는 우리나라 중앙정부 청사로, 후에는 박물관으로도 사용했다. 1995년 김영삼 정부 때에 이 건물이 인왕산, 경복궁을 가리고 있어 민족의 혼과 정기를 끊는다고, 또한 일제의 잔재를 없앤다는 명분을 앞세워 철거되었다. 독일 건축가에 의해서 지어진 르네상스 양식의 예술적, 특히 건축학적 가치는 차치하고라도 톨레도 성당처럼 공존해야했다. 그대로 보존해서 우리의 아픈 역사를 잊지 않는, 반면교사로 삼았더라면 하는 아쉬움이 있다.

서울 곳곳에도 옛 역사성이나 문화적가치가 있는 터에 건물이나 그 흔적은 찾아볼 수 없고 표지판만 있어 제대로 알 수 없는 곳이 더러 있다. 한 예로 일제가 건설한 옛 서울 시청 머릿돌도 사라져 행방을 알 수 없고 기록만 남아있는 상태란다. 제대로 보존이 안 되어서 훼손됐거나 방치 상태인 것들이 이뿐만이 아니다. 이제 문화재청은 일제가 남긴 기록도 더 이상 훼손을 막고 보존한다는 계획이라고 한다. 어떻게 하면 역사적 사건이나 현장을 직접 경험하거나 알지 못한 후손들에게 이런 기념비적인 것들을 증표로 진실하게 알려주고 물려줄지 나 같은 졸부(拙婦)도 답답한 마음이다. 부끄러운 과거라고 숨기기보다는 보존해서 다시는 되풀이하지 말자는 교훈도 의미가 있을 것이다.

인생의 도처에 역사성이 있거나 수려한 산수풍경 속에 옛 조상, 상수(上手)들의 기막힌 솜씨가 깃든 곳들이 많다. 우리가 제대로 발굴하고 보존하고 지켜내야 할 것들이다. 이런 문화재에 대해 전문가의 정보와 조언을 받아 발굴하거나 복원하는 일을 국가적인 차원에서 추진하고 있다니 그나마 다행이다. 외국의 경우를 보면 자기 나라에 대한 자긍심을 가지고 얼마만큼 개발하고 철저히 보존하고 관리하는지 그 관광수입 덕에 국가와 국민이 많은 혜택을 입고 있지 않은가.

『나의 문화유산답사기』 저자는 '인생도처 유상수(人生到處 有上手)'라고 했다. 어느 나라든 하나의 명작이나 유물이 탄생하는 과정에는 우리가 미처 생각지 못하고 알지 못했던, 도처에 많은 상수의 창작 노력 덕분이라는 거다. 이것들의 가치를 볼 줄 아는 사람도 상수이고, 밝혀내어 지키고 보존하려는 사람들 또한 상수가 아니겠는가. 나이 한 살 더 먹어 제대로 걷지 못할 때가 오기 전에 부지런히 도처에서 상수들의 손길들을 만나고 싶다.

마음 따뜻한 사람, 사람들

어렸을 적 추운 겨울에 따뜻한 온돌방의 구들장 위에 몸을 뉘이면 기분이 너무 좋았다. 포근하면서도 편안한 어머니의 품 속 같았다. '따뜻함'이란 알맞게 덥다거나, 감정이나 분위기가 친근하고 포근하다는 의미가 있다. 하나님의 형상대로 지음을 받았다는 사람의 마음 쓰임이 측은지심과 배려심마저 있을 때가 가장 친근하면서도 인간다운 모습이 아닌가 싶다.

얼마 전에 친구로부터 마음 따뜻한 이야기를 들었다. 자연과 사람간의 교감도 그렇지만 동물과 사람 사이의 교감도 살아있는 생물체이기에 가능했을 이야기다. 그 친구 퇴직 후 남편이 죽자, 잘 나가던 회사를 그만두고 귀농한 아들과 함께 고향으로 내려갔다. 서울과 그곳을 왕래하며 물려받은 땅에서 조그맣게 과수 농사를 짓고 있다. 집 위쪽 중턱 넓은 터전에 남편의 묘를 쓰고 그 주변에 유실수까지 심어 잘 조성해 놓았다.

어느 날 그 시골집에 길고양이 두 마리가 나타났다. 그들이 먹을 것을 찾아서 왔구나 싶어 불쌍한 마음에 음식물을 놓아주곤 했다. 매번 그릇을 비우기에 계속 챙겨주었다. 어느 날은 고양이가 나타났을 때 가까이 다가가, "할머니가 먹을 것 가져왔다. 어서 먹어라." 말하니까 귀를 쫑긋거리며 눈을 마주보고 "야옹" 하더란다. 마치 알아듣는 것처럼. 얼마가 지난 뒤부터는 먹고 난 다음 으레 집 둘레는 물론, 위의 묘가 있는 곳까지 몇 바퀴를 돌다가 간다고 한다. 갈 때는 창을 통해 보이는 거실 쪽 식구들을 향해 인사라도 하는 양 귀를 쫑긋거리며 "야옹" 하며 사라진다고 한다. 몇 바퀴를 도는 것은 짐작컨대 농사짓는 시골 주변에 쥐와 뱀들이 많아서 보은(報恩)으로 이들을 잡아주고 그곳을 지켜주려고 그러나 싶었다고 한다.

좋은 환경에서 주인의 관심과 사랑을 받는, 귀족 같은 애완동물과는 다른 게 유기견이고 길고양이다. 주인이 없는 그들은 먹을 것부터가 부족하다. 사람들의 혐오증까지 발동하면 주거지도 불안정하고 생명의 위험까지도 받는다. 이리저리 먹을 것을 찾아다니고, 정처가 없다 보면 모양새가 노숙자처럼 초췌하고 지저분해 진다. 그 친구처럼 마음 따뜻한 사람을 만나야 그래도 신세가 조금 나아지는 셈이다.

그녀 아들이 이 길고양이의 사연을 인터넷에 올렸다. 그것을 본 사람들이 격려 댓글과 함께 고양이 먹이를 여기저기서 소포로 많이 부쳐왔다고 한다. 사료에서부터, 그들의 식용용 캔, 곡물 등 여러 종류를 보내왔다. 새끼까지 칠 경우 먹이 걱정은 덜었다고 한다. 그것을 잘 알기에 마음 따뜻한 사람들의 온정이 답지 한 것이다. 내 친구나 먹이를 보내온 분들 모두가 사람처럼 동물들도 스스로 살아갈 권리가 있는 생명체임을 가슴으로 느끼기 때문일 것이다.

50년대 내가 초등학교에 다닐 때 거지들이 참 많았다. 그 당시에 우리 집은 농사를 많이 짓는, 그 동네에서는 제법 잘사는 편에 속했다. 거지들이 밥을 얻어먹으려고 항상 큰 가마솥을 걸고 밥 짓는 부엌에 늘 앉아있었다. 그들에게 추운 겨울이 더욱 힘들 때면 어머니는 장작불로 밥 짓는 그곳에 앉아 우선 몸을 데우게 하고 그냥 보내는 일 거의 없이 따뜻한 밥을 주어 보내곤 했다. 그때는 먹여주는 보시(普施)가 큰 공덕이었을 것이다. 베푸는 삶이 어머니의 노년을 더 편안케 했는지 건강하게 장수하셨고 돌아가실 때도 질병으로 인한 고통 없이 주무시듯 가셨다. 또한 할머니의 은공을 못 잊는다며 그때의 거지들이 문상까지 왔었다.

내게 날마다 대화를 나눌 두 개의 분양받은 새 식구가 생겼다. 분재원을 운영한 바 있는 한 지인이 넓은 유리 뷔페 접시에 작은 정원을 만들어주고 갔다.

깨끗이 씻은 모래와 잔돌들 위에 세 종류의 식물, 로즈마리, 만

다벨라, 스파티필름을 크고 작은 돌로 세우고 푸른 이끼로 덮었다. 솔방울에, 숯을 군데군데 놓고 물을 조금 부으니 축소판 정원이 됐다. 매일 눈 맞춤하며 분무기로 물을 뿌려주라고 한다. 낮에는 햇빛을 쏘이고 저녁엔 거실 탁자 위에 들여놓고 마치 자연과 교감하듯 즐기라고 한다. 실내 가습기 역할도 한다면서.

적적한 집에서 허허로운 가슴 한 칸이 여간 뿌듯하지 않다. 손이 많이 가는 반려동물 대신에 키우면서 가끔 대화로 교감도 하고 사랑을 나누어줄 친구가 생겼으니. 사람은 물론 동물, 나무와 화초까지도 관심과 사랑으로 대할 때 더 활달하고 건강하게 자라지 않는가. 그것들과의 교감으로 초록 햇살이 머무는 미소가 있고, 은은한 향기도 날 것이고, 때론 실한 열매까지 맺게 될지 누가 알랴. 정서적 동반자가 된 반려식물에 대한 사랑과 배려로 조금이나마 마음의 평화를 얻는다면 그도 기쁜 일이다.

작가 생텍쥐페리의 『어린 왕자』에서 지구에서 만난 여우가 어린 왕자에게 한 말이 생각난다.

"너의 장미꽃이 그토록 소중한 것은 네가 장미꽃에 쏟은 시간 때문이야. …… 넌 네가 길들인 것에 대해 언제까지나 책임을 져야해."

길들인다는 것은 서로 관계를 맺고 점점 소중한 사이가 된다는 뜻이다. 그럼으로써 서로에 대한 책임감도 생기고 그 관계를 유지하기 위해서 부단히 노력해야 한다는 게 이 글에 담긴 의

미인 것 같다.

이런 사소한 일에 대한 따뜻한 마음과 배려들이 마음에 큰 울림으로 다가와 행복하게 하는 힘이 되어주는 건 아닐는지.

명작과 장인 정신

햇살이 밝게 퍼지기 시작할 무렵의 아침 산책길은 즐겁다. 주변에 보이는 사물, 특별히 식물의 경우는 원색 그대로 더 선명하고 섬세하게 눈에 띄어 그 신비를 더하기 때문이다. 나무의 잎맥이며, 풀잎에서 꽃잎의 형태에 이르기까지 창조주는 어쩌면 저렇듯 정교하고 아름답게 만들었을까 싶다. 신의 손길이 바로 그 섬세함에 있음을 깨닫게 한다. 장인의 손길에 의해 만들어진 명작 중의 명작이라고 하는 것, 또한 그럴 것이다.

미술사학과 교수, 유홍준의 말을 빌리면 '명작의 공통점은 디테일이 살아있고 엄청 꼼꼼한 장인 정신이 있어야 나오는 것이고, 이 장인 정신은 혹독한 수련의 산물이라'고 했다. 그 하나의 예로 명필, 추사 김정희에 대한 일화에서도 알 수 있다. 그는 70평생에 벼루 10개를 밑창 내고 붓, 천 자루를 몽당붓으로 만들만큼 쓰고 쓰기를 수없이 하는 연마를 했다. 가슴 속에 5

천 권의 문자가 있어야 붓을 들 수 있다고 했으니, 그 치열한 장인정신은 더 말해 무엇 하리. 세기를 뛰어넘는 명화를 그린 화가들 역시 한 작품을 완성하기까지 얼마나 고심하며 붓질은 또 얼마만큼 했을까 상상해 볼 수 있다.

여학교 때 수학여행을 경주 불국사로 간 일이 있다. 새벽에 일어나 동틀 무렵의 토함산 석굴암을 보러 갔을 때다. 막 떠오르는 햇살에 비추인 부처상은 비록 돌로 되어있지만 그 정교함이 마치 피가 돌고 있는 듯, 살아있는 느낌을 받은 기억이 있다. 햇살의 조화도 있겠지만 너무 실체 같아서 만지면 살갗이 통통 튕겨질 것 같은 느낌이었다. 감동의 이 예술품은 신라시대에 고관이었던 김대성이 25년이라는 긴 세월에 걸쳐 만든 작품이라고 한다.

숱한 세월을 피땀 흘려가며 망치와 끌로 돌을 얼마나 쪼고 또 쪼았을까 싶다. 치밀함의 극치까지 가야 스스럼없는 그런 불후의 미적 감각과 생생함을 구사할 수 있다고 하니, 그분의 예술혼에 대해서 새삼 경외심을 갖지 않을 수 없다. 명작이라고 불릴 만큼 최고의 작품이 완성되기까지 그 당시 신라시대 뿐만 아니라 르네상스 시대나 유럽 문화권의 명인들의 경우도 왕이나 귀족들로부터 전권과 모든 편의를 다 제공받았다고 한다. 결국 장인이 존중되고 최고의 대접을 받는 시대에 그런 명작이 나왔다는 얘기다.

제주 사진 찍기에 한평생을 바친 한 사진작가에 대한 이야기를 신문에서 읽었다. 루게릭병을 앓다가 48세에 죽은 그는 28세에 제주에 들어와 작품 사진 찍기에 빠져 홀몸으로 살면서 제주의 오름과 초원의 아름다움, 그리고 제주의 억새, 구름, 바람을 20년을 찍었다. 그는 제주의 바람을 알아야 제주를 안다면서 태풍이 불면 바위에 몸을 칭칭 감고 벼랑 끝에 서서 태풍을 찍었다고 한다. 오름과 초원에서 바람과 억새가 만나는 절정의 순간을 잡기 위해 보름이고 한 달이고 움막을 치고 기다렸다. 먹을 것이 떨어지면 지천으로 있는 더덕, 도라지, 산나물로 배를 채우면서 견디었다. 명품의 한 컷을 얻기 위해 수십 번, 아니 수백 번을 찍었을 것이다. 렌즈를 통해 그런 노력의 결과로 섬세하고 아름다운 예술 작품을 세상에 선보였다. 그의 사진이 빛나는 것은 이런 치열함에 겸허함을 더한 장인정신 때문이라고 할 수 있다.

며칠 전에 선교후원 센터가 주관하는 '우물가 드림 콘서트'에 간일이 있다. 기독교 신자인, 가수 윤복희가 무대에 올랐다. 온몸을 불사르듯 열창하는 그녀를 보면서 노래의 완성도도 장인정신으로 부르지 않으면 예술이 아니구나 생각했을 정도다. 우리 몸도 소리를 내는 악기의 일종이 아닌가. 가사에 맞는 동작이며 표정, 그리고 눈빛까지 노래를 통한 그녀의 호소력이 대단해서 감동 안할 사람이 없겠다 싶었다. 그렇게 되기까지 목젖이 아프게 부르고 또 부르는 연습을 했을 것이다.

우리의 삶도 자기가 이루고자 하는 일에 고통을 감수하며 올인 하는 사람만이 성공한다. 자신 스스로의 자긍심이든, 타의에 의해서든 최고 수준으로 끌어올리려는 기대치가 또한 명작을 만든다. 꼭 유명한 명품만이 아니라도 우리 주변에 흔히 몇 대를 이어오는 전통 있는 맛집, 빵집, 공예품, 악기 등은 변함없는 원칙에서 최선의 것으로 승부하려는 사람들이 대를 이어 노력한 결과일 것이다. 또한 남보다 특히 잘하는 것 하나만 있어도 존경받아 마땅할 풍토에서 그런 장인이 많이 배출되었음은 물론이다. 일본의 성산인 히예산 비석에 이런 구절이 있다고 한다. '오직 한 자리만 비추는 것이 있으면 그것을 나라의 보배(照宇一隅 此則國寶)로 삼는다'는 말과 일맥상통하는 말이다.

무릇 예술품은 모방에서부터 시작하는 것 같다. 글쓰기도 잘된 작품을 많이 읽고 많이 베끼면서 문장을 익히라고 한다. 글 쓰는 이들이 다 자기만의 조어(造語)로 글을 쓰는 것은 아니다. 그런 의미에서 반복하여 쓰여지는 어휘나 명구의 모방에서 결코 자유로울 수는 없다. 다만 자기 것으로 소화한 후에는 자기 색깔의 글을 쓰라고 하지 않은가.

장인의 미술 작품이나 전통 악기며 공예품도 스승의 화법이나 기교를 수없이 따라하는 수련과 연찬을 거듭하다가 나중엔 거기에서 벗어나 자기만의 개성 있는 작품을 창조해 간다. 추사 김정희의 글씨를 '고전으로 들어가서 새것으로 나온다(入古出新)'고 말한 것으로도 알 수 있다. 그렇다고 뭔가를 잘 한다고 해서 다 장인이 되는 것은 아닐 것이다. 끝까지 장인정신의 자세로 갈고 닦는 피나는 노력을 해야 가능하다는 얘기다.

나는 그간 시와 수필로 여러 권의 책을 출간했다. 최근까지도 출간한 내 책에 대해 여전히 성이 차지 않아 부족함을 느끼는 것은 치열한 노력부족 때문일 것이다. 추사와 같은 장인 정신과 연마가 아직 더 필요해서이기도 할 것이다. 그렇지만 예술가의 혼에 대한 경외심으로 자신에 대한 기대치와 여망을 저버리지 않고 거듭 정진 하다 보면 기대해 봄직도 할는지 늘 고심하고 있다.

아름다운 결혼식

세상에는 아름다운 일들이 많다. 사랑하는 남녀가 인연을 맺고 행복을 약속하는 결혼식이 그중 하나다. 인륜대사(人倫大事)로서 이 일만큼 아름답고 성스러운 일이 또 있을까 싶지 않다.

창조주는 남녀가 한 몸이 되어 가정을 이루고 서로 배필을 도와 자손만대에 이어 번성하며 누리고 살라고 사람을 창조했다고 했다. 우리 조상들도 혼례의 의미를 젊은 남녀가 하나로 합쳐 위로는 조상의 제사를 치르고, 아래로는 자손을 후세에 존속시켜 대를 잇게 하려는 예라고 했다. 그게 사람이 세상에 태어난 의미이고 사람구실하며 사는 도리라면 인생에서 그처럼 아름답고 보람된 일은 없을 것이다.

얼마 전 신문에 유명한 두 연예인의 이색적인 결혼식 장면을 소개했다. 흔히 유명세를 타는 사람이 일류호텔에서 호화롭게 치르는 결혼식과는 달리, 신랑의 고향 들판에서 소박하고 낭만적인 화촉을 밝혔다. 비공개로 푸른 밀밭을 걸어 나온 두 사람이 양가 부모님, 가족의 축복을 받으며 주례 없이 결혼서약을 나누고 하나가 되었다. 결혼식 준비를 위해 함께 이름 없는 들판을 찾아다니고 신부의 부케와 신랑이 꽂은 꽃이며 테이블에 놓일 꽃 한 송이까지 직접 고른 것으로 전해졌다. 예식 후에는 밀밭 옆에서 가마솥을 걸고 가족들과 따끈한 국수를 나누어 먹었다고 한다. 그날 하얀 박꽃처럼 유난히 예뻤을 신부는 주변을 눈부시게 했을 것이다. 소박하고 작은 결혼식이지만 더 빛나고 정겹고 혼인다운 혼인으로 색다른 감동을 주었을 것이다.

다음은 인터넷 동영상에 올린 아름다운 두 편의 결혼식 이야기다. 한 편은 정식 결혼식은 올리지 않았어도 행복하게 살고 있는 삼십대 부부가 뒤늦게 결혼식을 하려고 준비 중이었다. 갑자기 신랑이 죽음을 앞둔 4기말 간암 판정을 받았다. 병상에서 사랑하는 딸과 지인, 간호사가 지켜보는 가운데 결혼식을 치렀다. 그 후 10일 만에 죽었다. 눈물 나는 슬픈 장면이지만 정작 당사자들은 애써 행복한 표정이어서 더욱 가슴에 짠한 감동을 주었다.

또 한 편은 한 젊은 남녀가 지하철에서 승객을 하객으로 모시고 결혼식을 치렀다. 신부 손을 잡고 나타난 신랑이 자기소개를 한다. 고아로 자란 그는 남들처럼 예식장에서 결혼식을 할 형편이 못되어 신부를 처음 만난 지하철 5호선에서 예식을 치르려 한다고 했다. "신랑 ○○○는 신부 ○○○를 맞아 평생 행복하게 해줄 것을 서약합니다." 그러자 신부가 연신 눈물을 흘리며 "신부 ○○○는 신랑 ○○○을 맞아 평생 … 서약합니다."고 하자, 승객들이 뜨거운 격려의 박수를 보냈다. 어느 할머니는 내리면서 이들의 등을 두드려 주며 잘 살라고 축하해주었다. 이 동영상이 많은 네티즌들에게 애틋한 감동을 주었음은 물론, 나도 그 장면에 눈시울을 붉혔다

옛말에, '혼인치레 말고 팔자치레 하라'는 말이 있다. 체면치레에 신경을 쓰느라 과도한 예식비용을 쓰는 것보다는, 축하의 예는 하되 조촐하고 검소하게 치름으로 오히려 당사자들에게 더 도움을 주라는 뜻일 거다. 또한 주어진 운명, 주어진 몫에 대해서 순응하고 감사히 여기며 살라는 뜻일 거다. 주변에서 흔히 양가가 혼수 문제로 갈등을 빚어 결혼식을 치르기도 전에 파혼을 하는 경우가 더러 있다. 예식은 치렀어도 신혼 새 출발 때부터 혼수나 결혼식 비용 문제로 삐걱거리며 갈등을 빚다가 결국 이혼까지 가는 경우를 봤다. 서로 사랑해서 행복을 다짐하는 기약을 했어도 사람의 욕심과 이기심이 이보다 더 앞섰던가 보다. 이래서 어른들의 그 속담이 맞는 것 같다.

각 나라마다 그들 특유의 전통 혼례식이 있다. 요즈음 우리 결혼 문화는 어떤 면에서는 서양의 결혼문화에 우리의 전통문화가 섞여 조화를 이루고 있다. 우리나라에 신식 결혼식이 처음

도입된 초기에 신랑신부에게 각각 들러리와 화동을 세우고, 결혼식이 끝난 후 피로연에서 여흥을 즐기는 것이 그렇다. 영국은 예식 후 신혼여행 떠나는 신랑 신부에게 선물로 건강, 부, 정절, 행복, 장수를 의미하는 아몬드 5개를 준다고 한다. 우리도 신부가 신랑 가족과 한 가족이 된 첫 인사로 폐백을 드릴 때에 부모가 선물로 덕담과 함께 신부 치마에 대추, 밤을 던져준다. 많은 열매를 맺는 대추, 밤처럼 다산과 풍요를 기원하는 의미에서다.

흔히 사람들은 결혼하면, 신부의 하얀 웨딩드레스에 면사포와 신랑의 검은 연미복을 떠올린다. 그러나 우리 전통 예식은 용어도 '결혼(結婚)'이 아닌, '혼인(婚姻)'이라 칭했다. 결혼식 장소도 예식장이나 종교시설이 아닌, 신부의 집 앞마당이 초례청이었다. 신랑이 바지저고리 두루마기 위에 단령(團領)을 입고 관대(冠帶)를 두르며 사모(紗帽)를 쓰고 목화(木靴)를 신고 조랑말을 타고 신부 집에 이른다. 그 모습은 아무리 어린 신랑조차도 남자답고 의젓한 게 위엄이 있어 보였을 것이다. 신부는 노랑 삼회장저고리에 다홍치마, 초록 당의 위에 원삼이나 활옷을 입고 화관이나 족두리를 쓴다. 연지 곤지 찍은 예쁜 얼굴에 수줍은 모습으로 신랑과 마주 서서 교배례를 거행한다. 그날 신부는 귀부인의 품격처럼 진중하면서 화려한 색깔의 옷으로 한층 초례청을 빛나고 흥겹게 한다.

이런 고유의 전통 혼례식을 하는 곳이 서울의 '한국의 집', 의정부의 서계 '박세당 고택', 성균관 명륜당에서 종종 치러진다니 한 번쯤 구경 가고 싶다. 나와 내 자녀들 모두 흰 면사포를 쓴 결혼식이었으니, 손녀딸만은 전통 혼례식이 어떨지 생각해본다. 얼마나 소담하되 화려하고, 아늑하면서도 고풍스러운 분위기일까. 상상만으로도 설렌다. 어떤 결혼식보다 장중하고 진지하면서도 흥겨운 구경거리의 혼례식이 될 것 같다.

모두를 갖춘, 잘사는 사람이 조촐하고 검소하게 치르는 결혼식, 가난하고 외로운 사람이 한 줌의 행복 기회도 감사하며 치르는 눈물의 결혼식, 눈앞에 죽음을 앞두고도 지금의 순간을 소중한 기쁨으로 알고 속으로는 울어도 애써 행복한 표정을 짓는 주인공, 이들의 결혼식이야말로 얼마나 값지고 아름다운가. 아니 얼마나 성스러운가. 최근 결혼식 문화로 잡음이 많은 풍토에서 우리의 마음을 열고 눈과 귀를 열어둘만한 예인 것 같다. 그런 마음을 담은, 두 마음이 하나 되는 뜻을 담은 이해인 수녀님의 시가 생각난다.

나 하나 꽃 피어
풀밭이 달라지겠냐고
말하지 말아라
네가 꽃 피고
나도 꽃 피면

결국 풀밭이 온통 꽃밭이
되는 것
아니겠느냐

나 하나 물들어
산이 달라지겠냐고
말하지 말아라
내가 물들고 너도 물들면
결국 온 산이 활활 타오르는 것
아니겠느냐.

– 이해인, 「마음의 산책」

기도하는 나무

어느 시인이 「기도하는 나무」라는 시 한 편을 메일로 보내왔다. 여백에는 설경 사진이 함께했다. 눈을 흠뻑 맞은 채, 팔을 올려 하늘을 향해 기도하는 모습처럼 쭉쭉 뻗은 나무들이 양쪽으로 길게 늘어섰다. 그 안으로 걸어 들어가는 한 사람이 보인다. 다름 아닌 내 모습 같기도 하다. 일체감에 묘한 느낌에 빠졌었다.

우리 집 가까이에 있는 산책길 끝에 이르면 조용한 숲길로 들어서는 곳이 있다. 사람의 발걸음이 뜸한 날이면 그 속에서 기도하는 나무들을 만나고 나도 기도하는 나무가 된다.

바람소리, 새소리, 계곡 물소리까지, 명료한 자연의 소리와 합일하여 귀 기울이면 나무의 기도소리가 들리는 듯하다. 내 기도소리와도 같은. 그때 나도 자연의 일부가 되어 마음이 순수에 이른다. 그래서 숲길 산책이 즐거워진다. 아니 기도하게 한다.

책장 넘기듯 하루하루가 열리면 눈 오는 날은 설레고, 비 오는 날은 우수에 젖는다. 햇빛이 쨍한 날엔 콧노래를 부르고 싶다. 설레는 날이면 그리운 사람에게 편지를 쓰고 싶고, 우수에 젖으면 집에서 고전음악을 듣거나 친구와 분위기 좋은 카페에서 차 한 잔 하려고 외출하고 싶어진다. 옷을 화사하게 차려입고 수다를 떨며 맘껏 웃고 싶은 날이라니! 그러나 무엇보다 햇살이 따뜻하게 비추는 날, 우거진 잡나무 숲길로 발걸음을 옮기면 창조주의 위대하신 손길에 매료되어 마음은 하늘을 향한다. 그래서 숲은 신의 날개 아래 같은 안식처이고 자연과 하나 되는, 본연의 내 모습을 찾아가는 설렘과 위로이나 보다.

나무는 한결같은 자세로 언제나 가면 만날 수 있고, 호들갑을 떨지도 아니하고 묵묵히 반겨서 좋다. 내 이야기를 다 들어주며 넉넉한 마음으로 손잡아 줄 것 같은 편안이다. 사람에게서는 배신과 상처를 받고 애증으로 인해 때론 인생이 우울하거나 삭막해질 때가 있다. 자신이 한없이 작아져서 활동 범위가 좁아져 당당함도 잃고 소심해진다. 이때 기도하는 나무는 말없이 다가와 도닥거리며 내 마음을 어루만져준다. 그러다보면 용서와 화해로 이어져 편안해지고 넓은 세상을 향해 밝게 두 팔을 벌린다.

어느 땐 보내온 메일의 그 시와 사진을 보노라면 기도하는 나무숲에 들어간 사람이 밝은 빛을 한 자락 들고 숲길을 달려 나오는 환상으로도 이어진다. 기도하는 나무의 조화다. 어쩌면 그가 바로 신의 긍휼을 입은 나인지도 모른다.

봄의 울렁증에 감사, 또 감사

며칠간 독감으로 호되게 병치레를 했다. 꽃샘추위로 인한 영하권 날씨 탓에 외출이 두렵던 차, 오늘은 햇살이 하도 밝고 따뜻해 보여서 따뜻한 옷으로 몸을 감싸고 산책에 나섰다. 멀리 청계산이 엊그제 내린 눈발로 노인의 머리처럼 희끗희끗해도 짙은 보라색을 은근하게 띠고 있다. 이미 나무들이 싹을, 꽃눈을 품고 있어 봄을 예고하는 얼굴이다. 많은 세월을 지나온 나이임에도 불구하고 봄맞이 길목에서 서성이는 내게 여전히 봄에 대한 울렁증이 있다.

살얼음이 살짝 덮인 학의천에 맑은 물이 매끈하게 흘러간다. 마치 내 안에서도 수척해진 몸과 마음을 부드럽게 어루만지며 흘러내리는 느낌이다. 포근한 눈 이불을 덮고 있던 둔덕 곳곳에 이제 막 깨어나려고 미동하는 싹들이 이불을 제치려고 들썩거리는 것처럼 보인다. 해마다 맞는 봄이지만 매년 다른 느낌으로 맞는 것은 삶의 리듬이 변화되어가기 때문일 것이다. 세상을 바라보는 눈과 마음도 변해간다는 의미이기도 할 것이다. 정작 생활 패턴은 제자리인 것 같아도 시류에 따라 생리적인 반응이 다르게 나타나는 것이리라. 남은 인생에 대한 여망이 생동하는 봄처럼 늘 새롭게 다가오기를 기대하기 때문일까.

내 눈길이 닿는 것마다 예사롭지 않은 조짐이 보인다. 아파트 주위에 있는 나무와 꽃들이다. 매화나무가 꽃망울을 금세 터트릴 듯이 부풀어 올라와 있다. 철쭉은 이미 꽃망울을 품은지가 오래다. 조금 있으면 보랏빛 제비꽃이 얼굴을 내밀고, 뒤이어 무수한 별처럼 반짝이는 별꽃도 군락을 이루겠지. 당차게 보이는 둥근 얼굴의 민들레가 '저요 저요' 하며 발부리에서 환하게 올려다보며 웃을 거다. 산수유가 노란 입을 벙긋거리면 지천으로 널린 쑥이 연록색 손을 펴가며 봄을 몰고 올 것이다. 쏘옥 올라오는 작은 싹들이 귀엽다. 라일락 잎들도 파릇파릇 올라오기 시작한다. 곧 4월의 향기가 풍겨 오겠지. 모두 봄의 환희다.

산책길에서 만난, 만개한 꽃을 볼 때도 좋았지만 앞으로 아름답게 필 것을 기다리며 미리 상상해보는 것 또한 즐겁다. 성공 했을 때보다 한창 성장하며 꿈을 키워가고 있는 자식을 바라볼 때의 부모 심정이 더 기대와 바람으로 부풀어 있듯이. 얼마나 생명력이 넘치는 봄인가. 죽은 듯 동면했던 것들이 꿈틀거리며 살아나 화려하게 변신해가는 자연의 모습은 또 얼마나 경이로운가. 올해도 가슴 벅차게 맞을 봄이 또 내게로 와서 얼마나 감사한지 모른다.

돌아오는 길에 근래 만나보지 못한 새를 보았다. 참새보다 더 통통하고 날개에 연분홍과 쥐색을 띤 새가 눈앞에서 뽀르르 날아간다. 어찌나 몸놀림이 잽싸고 민첩한지 오래 볼 수 없어 아쉬웠다. 그 민첩하고 빠른 동작에 원시와 난시의 내 눈길이 미처 따라잡지 못한 나이라는 것을 실감했을 정도다. 학의천에 청둥오리는 여전히 쌍으로 물살을 가르며 먹이를 쫓고 있다. 수놈은 깃털이 짙은 청색이 박힌 화려한 빛깔이고 암놈은 엷은 갈색 무늬를 띠고 있다. 그들도 좀 있으면 가장임을 과시라도 하듯 폼 잡고 많은 새끼들을 거느리고 다닐 것이다. 이들도 이곳 봄날에 있을 기쁜 경사 중의 하나다.

돌아보면 풋풋하고 순수했던 어렸을 적, 내 봄은 거침없이 산과 들과 바닷가를 친구들과 맘껏 누비고 다니게 했다. 산천은 여전하고 이를 맞는 마음은 예나 같건만 몸은 점점 약해져서 바라보는 것만으로 아쉬움을 달래야 한다. 고향의 봄도 더 무성해졌거나 아니면 개발 바람을 타서 많이 변했을 것이다. 그러나 계절이 바뀔 때면 생각은 늘 그곳으로 달려간다. 연어처럼 자기가 낳았던 곳으로 다시 회귀하는 귀소본능(歸巢本能) 때문일 것이다. 잊지 못하듯 그리워할 것을 그리워하는 게 또한 고향이다. 오늘 봄의 길목, 산책길에서 더 애틋한 마음으로 다가오는 봄의 울렁증엔 그 옛날 고향의 향수도 한몫해서다.

화가, 빈센트 반 고흐가 인생의 마지막을 살았던 파리의 교외 오베르 마을을 생각한다. 그가 죽은 지 120년이 됐지만 지금도 고흐의 그림 속 풍경이 그대로 남아 있어 관광객 발길이 끊이지 않는다고 한다. 그러나 서울 곳곳의 역사나 문화 유적지는 표지판만 있을 뿐 도시개발로 그 실체를 제대로 볼 수 없는 곳이 많아 아쉽다. 수십 년이 지난 후에도 내 고향이, 내가 말년을 보냈던 이곳이 변하지 않은 강산의 봄으로 남는다면 하는 가정은 과연 가능할까. 뾰르르 날아간 새처럼 세월과 함께 스쳐간 아쉬움만의 흔적일 뿐일까.

아무렴 어떤가, 시류와 나이 상관없이 지금 여기 내 곁에 봄이 와있다는 것만으로, 봄의 울렁증을 여전히 느끼며 살아있는 것만으로도 소중히 여길 거다. 감사, 또 감사할 일 아닌가.

2.

어느 날 문득

슬픔의 찬란한 봄일지라도

우리 집 철쭉 분재가 내게 찬란한 유월을 선사했다.

그동안 분재원에 맡겨 키웠던 분재들을 집으로 가져 왔다. 집에 가져온 후 처음 핀 꽃이 만발해서 외로움을 타던 마음에 큰 기쁨을 안겨주었다. 분갈이는 이미 했었고, 수형도 어느 정도 잡힌 상태에서 가져왔다. 다만 매일 물을 주면서 아침저녁으로 그들과 가깝게 내 체온과 정성으로 교감한 결과일 것이다. 지성이면 감천이라고 했다. 꽃도 사람의 정서와 마찬가지여서 정성이 담긴 교감이 얼마나 성장에 영향을 미치는가를 키우면서 알게 된다.

분재원에 두었을 때는 바쁘다는 핑계로 자주 들르지 못해 자연 관리하는 손길이 뜸했다. 꽃피는 시기를 놓쳐서 그 아름다움을 제대로 봐주지도 못했다. 뿐인가. 그곳의 물주는 이와의 교감이 나만 했을까 싶지 않다. 아무튼 금년처럼 풍요롭고 예쁘게 핀 모습을 보지 못했고 제대로 즐기지도 못했다. 그러나 집에서 가꾼 꽃이 뜻밖에 더 곱고 아름다워 나 자신도 감탄을 금치 못했다. 꽃잎들이 더 탐스럽고, 한 나무에 한 가지 색만이 아닌 이중으로, 어느 것은 은은하고, 어느 것은 화려한 듯 밝게 피었다. 가지마다 촘촘하게 피어 한결 풍성해 보이기도 했다. 처음에 만났던 꽃이 돌연 변신이라도 한 듯하여, 첫 만남처럼 설레고, 새롭게 시선을 끌게 해서 매일 바라보는 재미에 푹 빠졌다.

동식물도 사람처럼 키우는 정성 여부에 따라 성장 상태가 다르다. 서로 주고받는 정서로 인해 얻는 위로도 다양하다. 교직에 있을 때 전공 수업 외에 상담교사로도 근무했다. 상담실에서 화분 네댓 개를 길렀다. 3개는 꽃피는 것으로 창가에, 나머지는 관엽수로 들어오는 입구와 맞은편에 놓았다. 찾아오는 학생들에게 정서적으로 편안하고 안정감을 주기 위해서다. 출근하면 먼저 상태를 살피며 물을 주고, 시든 잎도 따주고 말을 걸어 교감을 했다. “잘 지냈지? 오늘도 학생들이 들어오면 너부터 밝게 보여야 한다. 마치 내가 그래야하는 것처럼. 꽃핀 얼굴이 아니어도 싱싱한 이파리, 초록의 웃음으로… 알았지!” 그랬다.

그렇게 몇 년을 함께하다가 전근으로 그 학교를 떠났다. 이 년 후이던가, 그 학교를 다시 방문할 기회가 있어서 먼저 상담실부터 찾았다. 창가 화분은 남아 있지도 않고 나무 한 그루만 주인 잃은 강아지처럼 시무룩하게 서 있었다. 마음을 나누며 잦은 손길의 부족 탓이려니 생각하며 감정이 서늘했던 적이 있다.

며칠 새 이 분재 꽃들을 나 혼자 보기 아까워서 몇몇 친구들을 초대해서 꽃 잔치를 하고 싶었다. 바쁜 일도 있었겠지만 겨우 한 팀의 친구들만이 며칠 지나서 왔다. 꽃들 중엔 이미 꽃잎이 지고 있는 게 있어서 처음 피었을 때만 못하지만 사진 찍고 법석을 떨었다. 하지만 마음 한 칸에 아쉬움만 더해갔다.

화무십일홍(花無十日紅)이라 했던가. 아무리 예쁘게 핀 꽃도 십일을 넘기지 못하는 것처럼 속절없이 하나 둘 떨어지는 데는 정말 안타깝고 허망했다. 우리 인생도 마찬가지다. 화려한 이력으로 공명심에 집착하여 명성을 얻어 폼 잡고 살려 하지만 눈 깜작할 사이 고개 떨구고 노년으로 들어선다.

어제는 시들어버린 꽃잎들을 따고 나무 수형을 다듬어 주다가 불현듯 김영랑의 「모란이 피기까지」의 시구가 떠올랐다.

모란이 뚝뚝 떨어져 버린 날
나는 비로소 봄을 여윈 설움에 잠길 테요
… 중략 …
뻗쳐오르던 내 보람 서운케 무너졌느니
모란이 지고 말면 그뿐 내 한 해는 다 가고 말아
모란이 피기까지는 나는 아직 기다리고 있을 테요
슬픔의 찬란한 봄을

올해처럼 나를 기쁘게 했던 꽃들도 그 시인의 모란처럼 뚝뚝 떨어져 버렸다. 봄을 여읜 슬픔에 잠겼고, 지고 말면 한 해도 다 가버릴 것 같은 심정으로 쓸쓸해진 꽃들을 바라보았다. 그러나 다가오는 또 한 해 정성을 들이면 하늘이 감동의 꽃을 피워낼 봄을 여전히 기다릴 거다. 지금은 시든 꽃잎을 따야하는 슬픔의 찬란한 봄일지라도.

시간, 그 조화 속에서

깊은 잠에서 깨어나 두리번거렸다. 호텔방인가 했다. 정신을 차려보니 내 방이다. 몽롱한 가운데 아직도 여행 중인 아침으로 착각했나 보다. 마치 아라비안나이트의 '하늘을 나는 양탄자'를 타고 어제는 스페인, 오늘은 서울로 날아온 기분이다. 시간의 흐름이 마치 마술사의 손놀림 끝에서 놀라운 상황변화를 일으킨 것 같다고나 할까. 시간의 조화인 셈이다. 일상에서 살아 움직이는 순간순간의 일들이 쌓여 영원성으로 이어지는 그 시간의 조화 속에 내가 있음이다.

그도 그럴 것이, 여행에서 돌아온 그 이튿날 오후에 찌뿌둥한 몸도 풀 겸 학의천 산책길에 나섰을 때다. 둔덕엔 어느새 금계국 꽃이 만발하고 산책로엔 개망초꽃이 우리 손녀딸 키만큼이나 자라서 울타리를 이루고 있었다. 넝쿨장미가 철책을 따라 흐드러지게 피어, 5월의 여왕다운 기염을 토하고 있었다. 풀

꽃들도 덩달아 너도 나도 피어 온통 꽃 잔치다. 마치 알라딘 반지 요정의 손끝이 닿는 곳마다 갑자기 나무가 자라고, 꽃들이 피어나기라도 한 것처럼. 불과 2주 사이에 일어난 변화가 놀라웠다. 어리게만 보였던 자식들이 어느 날인가 어여쁜 숙녀로, 의젓한 청년으로 마주하게 된 때처럼. 이처럼 시간 마술사의 재간이 경탄할 만도 하다.

그러나 한편 짓궂은 면도 있다. 요즈음 티브이에 나온 어느 여배우를 보면 안타깝다. 한때 젊고 아름다웠던 그녀다. 배역 탓일지는 몰라도 지금은 놀랍게도 마르고 생기가 없는 늙은 여인의 모습이다. 내 얼굴도 인생의 굴곡이 지울 수 없는 주름살로 나타나 거울보기가 민망하잖은가. 시간의 조화 탓이다. 곁에 생을 같이했던 정든 이를 떠나보내는 아픈 이별을 겪게 하고, 잘 나가던 사람을 자리에서 물러나게 하고, 휘파람 불며 쇳소리 내던 사람을 쓰러트리고, 아름답고 무성했던 꽃이나 나무를 속절없이 시들게 하고, 10년이면 강산도 변하게 한다니, 시간의 조화 아니고서야 무엇이겠는가. 그래서 세월 이기는 장사 없다는 말이 맞는 것 같다.

'영원한 인생, 영원한 영광의 나라'는 없다고 한다. 그러나 한 나라의 문화나 개인의 예술 작품만은 시간의 한계성을 뛰어넘어 영원하다는 것을 새삼 알았다. 이번 스페인 여행에서다. 인생은 유한하지만 그 가운데서도 눈에 띄지 않게 흘러가는 시간의 조화 속에서 이루어지는 변화와 영원성도 보았다. 어느 건축가가 그의 책에서 '스페인은 건축이다'라고 한 말을 실제로 보고 느끼고 왔다. 그곳에서 다양한 건축양식을 접했지만 그중에서도 그라나다의 '알람브라 궁전'과 바로셀로나에 있는 안토니오 가우디의 '성가족 성당'에서 더욱 그랬다. 인간이 만들어낸 가장 아름다운 건축물 중의 하나이고 유네스코 문화유산에 등록된 문화재들이다.

알람브라는 15세기에 이슬람 타이파 국가였던 그라나다 왕국이 함락되기까지 750년을 유럽 스페인에서 유일하게 이슬람 국가의 명성을 날렸던 마지막 요새며 궁정이다. 13세기에 시작되어 다음 왕조에서 완성되었다는 건물이다. 대리석, 타일, 채색 옻칠로 이루어졌다. 일일이 손으로 새겼다는 궁전의 아치와 돔, 천장과 벽면과 바닥의 신비한 문양이 섬세하고 정교해서 이슬람 생활 문화의 탐미적인 미술의 극치를 보여주었다. 그 무늬는 아라비아풍이라고 하는 '아라베스크(Arabesque)'의 끝없는 패턴 반복으로 무한의 세계, 영원성을 보여준다고 한다. 수세기 전에 만든 손길이지만 어제인 듯했고 시간도 정지된 듯, 온전하게 보존되어 있다. 과연 수십 년에 걸쳐 많은 관광객을 사로잡은 예술품다웠다. 그것을 만든 시대도, 사람들도 가고, 세상도 변했지만 작품은 남아 시간의 한계성을 뛰어 넘은 그 영원성이야말로 또 다른 시간의 조화가 아닐는지

바르셀로나에 있는 세계적인 건축가, 안토니오 가우디의 '성가족 성당'을 건축의 백미라고들 한다. '스페인은 그가 먹여 살리는 나라'라고 할 정도로 그의 건축물이 많아 수많은 관광객이 그곳을 찾는다. 성가족 성당은 1882년에 시작해서 1926년에 그가 죽을 때까지 교회의 일부만 완성되었다. 그 후로도 최근까지 130년 넘게 작업이 이어졌던 최대의 건축 프로젝트다.

내부는 자연광을 이용한 스테인 글라스의 아름다운 색채와 조화가 화사한 분위기를 만들고 그 주변으로 특이한 디자인의 조성물들도 돋보였다. 외부는 성서에 근거한 섬세한 인물 조각상들과 창조주의 산물인 자연에서 가져온 과일, 채소, 동물들의 조각과 함께 그 웅장한 규모에 놀라움을 금치 못했다. '신이 지상에 머문 유일한 거처'라는 말이 실감날 정도다. 사람의 천재성과 시간의 조화에 역행한 영원성을 또 한 번 보았다.

그러나 가우디의 말년을 보면 불후의 명작에 비해 사람의 생명은 유한하기에 허망한 듯싶다. 그는 자기가 설계하고, 건축감독 중이던 성당 맞은편으로 건너가다가 전차에 치어 죽었다고 한다. 입고 있던 남루한 옷 때문에 부랑자로 취급되어 병원에서 초라하게 장례되었다. 지금은 그의 무덤이 그 건물 지하에 국보급으로 안치되어 있지만, 세월 따라 사람은 가고 변해도 변하지 않는 영원한 작품을 보면서, 과거와 현재 사이의 시간여행이 마음에 큰 울림으로 다가왔다.

학의천은 며칠 사이에 벌써 넝쿨장미며 금계국과 풀꽃들이 시들어가고 있다. 그 자리를 대신하듯 산책길엔 벌써 코스모스가 하늘거리고 나무에 작은 열매도 보인다. 자연의 순환 법칙에 따른 순리적인 변화다. 세상은 내가 있든 없든 잘 굴러갈 것이나 내 시간은 붙잡힌 시간에 따라 어제 오늘이 다르게 지나갈 것이다. 살아있기에 이런 시간의 조화 한가운데에서 다양한 움직임과 변화를 놀라운 눈으로 바라본다.

닮고 싶다

3월이 봄의 문을 활짝 열었다. 청계산 얼굴이 깨끗하다 못해 투명한 파란 빛을 띠고 있었다. 콧노래라도 부르고 싶은 날, 좀이 쑤셔서 집에 있지 못하고 밖으로 나갔다. 산책길로 들어서는 길목엔 산수유꽃이 막 피기 시작하고 매화는 가지마다 꽃봉오리를 이고 있었다. 눈과 귀와 온몸을 열고 학의천 길을 따라 걸었다. 내 사유의 주체가 된 흐르는 물줄기를 따라 걸었다.

며칠 전에 내린 비로 물이 제법 많아졌다. 걷기 운동이 아닌, 산책할 생각으로 천천히 걸었다. 어느 곳에 이르면 조용하게 돌돌 흐르는 물소리가 마음을 다독다독 달래주는 듯했다. 합창에서 부드러운 중간 정도의 소리, '메조 피아노(mezzo piano)'다. 높낮이가 있는 경사진 곳에선 물소리가 제법 힘찼다. 강하고 높은 소리, '포르테(forte)'다. 절로 힘이 나서 걸음이 경쾌하고 빨라졌다. 그런가 하면 평편한 곳의 잔잔하게 흐르는 물소리는 내밀한 곳에서 모아져 나오는 작고 조용한 '피아노(piano)' 소리다. 자연히 귀를 더 기울이다 보니 마음의 세미한 음성까지도 들을 수 있을 것 같았다.

물소리를 따라 한 시간 넘게 걸어도 지루하지 않았다. 위치에 따라 내는 소리는 다르지만 매번 들어도 싫지 않은 평안이다. 오랜 세월을 먹고 흐르는 물에 모난 돌이 둥그러지듯, 오래 물소리를 들으면 성격이 모가 난 사람도 마음이 온유하고 유연해질 수밖에 없을 것 같다. 이렇듯 산을 닮으면 현자(賢者)가 되고, 흐르는 물을 닮게 되면 인자(仁者)가 되는 건 아닌가 하는 생각마저 들었다. 이런 자연의 소소한 일상에서 얻는 뜻밖의 지혜가 늘 산책을 즐겁게 한다.

인생 여정을 흐르는 물줄기에 비유해서도 한 수 배운다. 물은 막힘도, 변함도 없이 계속 흘러간다. 장애물이 나타난다고 해서 멈추지 않는다. 그걸 피해 돌아서 가거나, 용케도 줄기차게 흐르다가 제 스스로 길을 트며 나아간다. 장애물까지도 서서히 밀어내면서. 꺾임이 없는 유연함이 오히려 강한 것을 이긴다는 이야기다. 어쩌다 물살이 모아져 세어지면 어떤 장애도 거침없이 밀어내는 과감함도 있다. 보는 이의 속을 시원케 해주는 대리 만족이다. 방해 받는다는 옹졸한 생각에 머무르면 약해져서 멈칫거리다 흘러가지도 못하고 고인다. 결국 탁한 물이 될 수밖에 없을 것이다.

또한 흘러가는 물은 변화를 가져온다. 탁류나 흙탕물이 맑아지고 불순물이나 쓰레기를 싹 쓸어버린다. 물줄기의 세에 따라서는 생태계에 새로운 모습을 가져오기도 한다. 흐른다는 것은 소통이고, 흘러 보냄으로써 집착이 아닌 자유로움이 있다. 오늘이 물줄기의 흐름을 유심히 들여다보면서 내 삶에서 부족함을 되짚어보는 계기로 삼아 닮고 싶다는 생각을 했다.

내심 잔잔한 깨달음을 받고 돌아오니, 베란다 창 너머로 노을이 아름답게 불그레한 옷자락을 드리우며 하루를 마감하려 한다. 이 또한 어찌 닮고 싶지 않으랴!

사랑의 묘약

사랑은 우리 삶의 원동력이고 여러 상황으로 변화를 가져오게 하는 중요한 결과에의 핵심인 셈이다.

흔히 노랫말에서 '사랑은 눈물의 씨앗'이라든가, '사랑의 묘약'으로 불러지고 있다. 성경에서도 '사랑은 허다한 허물을 덮는다'고 했다. 사랑이란 서로 주고받는 상대적이기 때문에, 주는 쪽이 불완전하거나 받아들이는 쪽이 성숙하지 못하면 문제가 생긴다. 고독하게 만들고 욕구불만의 원인이 되어 이기심으로 불행을 가져오는 결과로까지 이어진다. 때문에 사랑을 이루고 얻기 위한 절절한 노력이 눈물의 씨앗이 되고, 사랑의 힘으로 위대한 성취를 이루는 묘약이 되기도 한다. 뿐인가. 사랑이 허다한 허물을 덮음으로써 애물단지와 소통하고 화해를 이루어 나가는 계기가 되기도 한다.

얼마 전에 고전명화 '에덴의 동쪽'을 시청할 기회가 있었다.

요절한 배우, 제임스 딘을 유명하게 한 엘리야 카잔 감독 작품이다. 이 작품은 성경에 나오는 카인과 아벨의 이야기를 모티브로 삼은 내용이다. 미국 한 농장주 아담에게는, 완벽하여 아버지의 신뢰를 받는 장남 아론과 거친 성정과 반항기가 있어 집안의 골칫거리인, 둘째 아들 칼이 있다. 사업을 벌이다 실패한 아버지의 마음을 사기 위해 칼은 콩 매점 사업으로 돈을 벌어 아버지를 도우려 한다. 그러나 오히려 부도덕하게 벌었다고 꾸중만 듣는다. 분노한 칼은 아론을 데리고 타락한 술집 마담이 된 생모를 찾아간다. 생모가 죽은 줄로만 알았던 형은 큰 충격을 받아 말썽을 일으키고 군에 입대한다. 이 때문에 아버지도 충격을 받아 반신불수가 된다. 칼을 이해하고 좋아하게 된 형의 약혼녀는 칼이 아버지의 사랑을 받지 못한 애정 결핍으로 인한 욕구 불만에 의해서 일어난 것임을 칼의 아버지에게 말해준다. 아버지가 몸소 칼에게 도움을 구함으로써 자기가 아버지를 위해 뭔가 할 수 있다는 자존감을 회복해 주라고 조언한다.

상황이 반전되었음은 물론이다. 주인공의 돋보이는 연기와 명대사가 보는 이로 하여금 찡한 감동을 준다. 자신이 사랑과 신뢰를 받지 못하고 있다는 생각을 떨쳐낼 수 있도록 인정받을 일을 하게 함으로써 관계 회복의 기회로 삼은 내용이다. 사랑으로 자신의 실존성을 느끼게 한다는 이야기다.

대개 마음이 여리고 성숙하지 못한 연령의 사춘기 때에 아이들이 일탈행위를 한다. 이는 대부분 부모의 사랑과 관심을 받지 못한 자녀나 결손 자녀, 누구에 의해서든 마음의 상처를 크게 입은 자의 경우가 허다하다. 그랬을 때 우선되어야 할 것은 어떤 상황에서든 상대방을 이해하고 보듬어주는 일이라고 생각한다. 공자께서도 이르기를 '여러 사람이 그를 좋아하더라도 반드시 살펴야 하고, 여러 사람이 그를 싫어하더라도 반드시 살펴야 한다'고 했다. 사랑의 결핍이나 관심 밖의 외인에 의한 분노는 미리 막지 않으면 필경에는 큰 후환을 불러일으키는 원인이라는 거다. 사랑은 관심이기도 하기 때문이다.

사람을 다루는 일에 허물을 일일이 지적하기보다는 때로는 모르는 척 넘어가는 지혜가 필요할 때가 있다. 무관심과 모르는 척도 방관이 아닌, 사랑하는 방법 중의 하나가 되는 상황일 수 있다. 재직 시절에 시골 농촌 학교에 근무할 때다. 진학을 위해 영·수·국 과목에 관심이 많아 집중하는 도시 학생들과는 달리, 대부분 시골 학생들은 진학률도 낮은 편이고 기초가 부족해서 내 영어 시간을 별로 좋아하지 않았다. 그러나 과제를 안 해오거나 수업 태도가 불성실하면 학습 분위기를 흐려놓기 때문에 야단을 칠 수밖에 없었다.

여러 번 지적을 당한 한 학생이 복도를 지나는데 내 뒤에다 대고 들으라고 듣기 거북한 말을 했다. 동료 교사도 듣고 혼내주지 그냥 두느냐고 하는 것을 말렸다. 때에 따라서는 못 들은 척, 못 본 척 대응을 안 하는 게 교사 체면도 세우고, 오히려 아이가 스스로 민망하게 여겨 잘못을 뉘우치도록 하기 위해서다. 결국 그녀는 나만 보면 제풀에 고개를 들지 못하고 고분고분해졌다. 결국 학생과 관계가 더 나빠지지 않고 교사의 체면도 구겨지지 않게 되어 가슴을 쓸어내렸던 기억이 있다.

성인인 예수 그리스도의 사심은 성경에 기록된 역사적 사실이다. 아무 죄 없으신 분이 죄인의 허물을 대신하여 십자가상에서 자신의 몸을 찢기고 피 흘려 죽은 고통을 당하셨다. 죄인들을 위한 절대자의 사랑이 구원의 놀라운 역사를 이룬 사건이다. 사랑하기 때문에 치르는 희생이었다. 그 사랑과 은혜가 고마워 복음의 증인이 된 순교자들의 성지가 지금까지 도처에 남아있고, 삶의 현장에서 이런 그리스도의 사랑을 실천하고 있는 사람도 많다.

평범한 우리의 삶에서도 진실하고 순수한 사랑을 알게 하고, 사랑을 위해 어려움을 당하고 눈물을 흘려야하는 때가 왜 없겠는가. 사랑으로 기적이 일어나 질병이 치유되고 관계가 회복되고 인류 역사상 위대한 예술이 탄생하는 경우 또한 얼마나 많은가.

사랑은 가장 원초적이면서 삶의 원동력이다. 따라서 치유와 변화의 묘약이다. 이 사랑의 묘약에 힘입어 오늘의 내가 있는지도 모른다. 생각할수록 감사할 뿐이다. 부족하지만 모두가 편안하고 행복해질 수만 있다면 이런 사랑의 은사를 내게도 부어주어 주변으로 그 사랑이 흘러가게 하고 싶다. 그리고 자손들에게도 그리스도 사랑을 실천하는 본이 되게 해달라고 두 손을 모은다.

4월 어느 날에

봄이 무르익어 갈 무렵이다. 흐드러지게 핀 벚꽃나무 아래서 버스에 오르는 여인을 향해 손을 흔들었다. 아직도 이어지고 있는 인연의 손수건을 흔들고 있었다. 화창한 봄볕이 환한 웃음으로 대신해주는 작별이다.

예쁜 목소리와 부드러운 표정을 지닌 그녀와 만남은 수십 년 전 재직 시절에 같은 학교에 근무할 때였다. 살면서 많은 사람과 만남이 있어도 그중엔 특별한 사연이 있는 것도 아니고 더구나 동년배도 아닌, 나이 차이가 있음에도 서로 잘 통하며 가깝게 지내게 되는 경우가 있다. 그녀와 내가 그런 셈이다.

인연의 사전적인 의미는 '일체의 중생이 인연에 의해서 생멸(生滅)한다'이다. 부부의 만남에서부터 자녀와 부모, 형제간 만남이 특별히 그럴 것이다. 마치 신의 섭리처럼. 그러나 친구와 이웃과의 만남도 결코 우연은 아니다. 불가에선 옷깃만 스쳐도 인연이라고 했다. 혈연에 의한 인연은 원천적인 거지만 우정은 배려와 동행의 의미가 있다. 그러나 모두 사랑의 관계에서 이루어지는 일이다.

삭막한 세상에 혈연이든, 우연에 의한 인연이든 곁에 늘 함께하는 가족과 친지, 친구와 이웃이 있다는 것은 따뜻하고 행복하게 잘 사는 삶이다. 특히 나이 들면 더 절실하게 느낀다. 생활에서 외로운 섬으로 남지 않으려면 '보통사람'으로서 보다 너그럽고 수용적이면서 편안한 관계 유지가 중요한 것 같다. 유머 감각마저 있으면 금상첨화일 것이다.

그녀와 함께 근무할 때 여교사들끼리 친목으로 한 달에 한 번씩 식사를 나누곤 했다. 옛말에 '밥상머리에서 정이 난다'고 했다. 공동체생활을 하다 보면 갈등도 있고 언짢은 일도 있기 마련이다. 그러나 모임이라는 명목 하에 밥자리에서 자주 만나다보니 친해져서 그 어려움도 자연스레 해소된다. 그녀는 심성이 유연하고 자기 이야기보다는 주로 상대방의 이야기를 경청하는 편으로 편안하게 배려해 주는 스타일로 잘 통했던 것 같다.

전화로 오랜만에 듣는 목소리이지만 금세 그녀인 것을 알아챘다. 서울로 이사 온 지 2년 됐는데 한번 뵙고 싶다고 했다. 잊지 않고 찾아주는 옛 지인과의 만남이 그렇게 즐거울 수가 없었다. 추억담도 그렇고, 그간 변화된 삶의 일상을 듣는 재미도 그렇고, 자녀들과 가족이야기로 시간 가는 줄을 몰랐다. 나이 들면 어쩔 수 없나보다. 머리 쓰고 신경 쓰게 하는 일 말고 편안하게 마주 앉아 차 한 잔 마시면서 스스럼없이 나누는 대화가 좋다. 허탄하고 평범한 이야기일망정 매일 일기 쓰는 일처럼 그것도 내 실존을 확인시켜주는 일 중의 하나가 아니던가.

좋은 모습으로 기억하며 오래 우정을 나누고 싶어서일까, 나는 그녀가 탄 버스가 시야에서 멀어질 때까지 꽃잎이 분분히 흩날리는 나무 아래에서 한참을 서서 바라보았다.

가볍게 떠나기

사람이 태어나서 죽을 때까지의 삶을 긴 여행에 비유한다. 세상에 태어날 때도 빈손이지만 죽을 때 또한 빈손으로 간다. 욕심 부릴 일도, 부릴 수도 없이 다 내려놓고 가야 한다. 그 생각을 하면 어디든 미련 없이 가볍게 떠나는 연습을 미리 해야 할 것 같다.

여행을 떠나게 되면 누구나 짐을 꾸린다. 잠시 떠나는 여행에도 가져가야 할 짐이 왜 그렇게 많은지, 부질없게 느낄 때가 있다. 그러나 짐 없이 여행지로 가볍게 떠나기란 그리 쉽지 않다. 필요에 따라 다 지니고 가야 성이 찬다. 욕심 때문이다. 인생여정이 또한 그와 같지 않을까.

여행 짐을 꾸리다보면 가벼운 짐에서 오는 자유로움과 오히려 짐이 있어 무거움이 주는 안도감 사이에서 갈등을 한다. 필요할 것 같아서 이것저것 챙겨 넣다가도 가볍게 다니려고 덜어

내면 불안해서 도로 넣고 여전히 많아진 짐을 들고 가는 고단한 여정을 반복하고 있다. 결국 가지고 간 것 다 입지도, 쓰지도 않고 가져오는 경우가 흔하다. 욕심이 욕심을 부르면 늘 부족한 것 같아도, 오히려 자족하는 마음을 가지면 부족함이 없으련만…. 그래서 결국 욕심을 내어 짐을 꾸린 게 부질없는 짓이라는 얘기다. 차림은 간편하게, 짐은 가볍게 하고 떠나는 사람을 보면 명쾌하고 멋지게 보여 돋보인다.

인생살이에서도 더 가지려고 노력은 해도 덜 가지려고 노력하는 사람은 없다. 특히 나 같은 범생은 모두를 끌어안고 사는 것만큼이나 덜어내고 비우며 살기도 어려운 것 같다. 그렇다고 더 많이 갖고 더 많이 이루려고 욕심을 부리며 고단하게 달려가기엔 인생이 너무 짧고, 내 능력도 한계가 있음을 어쩌랴.

60대 초에 친한 동료 교사 부부들과 함께 유럽 여행을 떠났다. 일행 중 한 부부는 공항에 내려서 짐을 찾지 못했다. 분실된 거다. 여행 중 필요해서 챙겨온 짐 가방이 없어졌으니 그들은 무척 당황하고 속상해 했다. 그나마 일행 중 유난히 여행 가방이 커서 자연 잃어버린 것도 많게 됐으니 여간 불편한 심사가 아니었다. 그러나 갈아입을 속옷은 그날그날 빨아서 쓰고, 겉옷은 단벌 신사로 지내며, 기타 필요한 것은 현지에서 사서 썼기 때문에 걱정했던 것보다 무사히 여행을 마칠 수 있었다. 그들이 짐 자체에 대한 부담이 없는 자유로움에서 많은 것을 깨닫고 배웠다고 한 말이 기억에 남는다.

어느 날 외출해서 일 끝내고 집에 돌아오면 여러 가지 일로 몸도 고단, 마음도 고단하다. 새삼 그 일상의 하루를 들여다보는 때가 있다. 지고 다닌 여러 짐에 내가 눌려 있었구나 싶어서 옷이며, 가방이며, 마음의 짐까지 훌훌 벗고 내려놓는 그 편안함과 자유함이라니! 걸친 옷까지도 다 벗어버리고 싶을 정도다. 옷치장에, 체면치레에, 사람 대하는 표정관리에, 마음 써서 대화해야할 대인관계며 여전히 다 감내해야 할 많은 보따리들이다. 그러나 살아있기에, 아직은 살아내야 할 미완의 여생이 있기에 끝날이 올 때까지는 여행 짐을 싸고 풀고, 긴장하며 살 수밖에 없다. 그렇다고 짐스러운 것을 남에게 넘겨 줄 수도 없는 소중한 내 인생이라서 더욱 그럴 것이다. 살아가야 하니 짐이 되어도 오히려 감사함으로 대해야 할 일인가 싶기도 하다.

여행이란 결국 끝이 있고 돌아가 쉴 내 집이 있어 좋다. 기다리는 가족이 없어도 귀가는 쉼이고 편안해서 좋다. 떠날 때는 새롭게 경험할 여행지에 대한 설렘이, 올 때는 좋은 경험과 다시 꺼내볼 수 있는 추억들이 쌓여 삶의 한 획을 긋고 온 것 같아 뿌듯한 마음이다. 현관에 들어서면 어느새 여행지에서의 계절과 자연이, 일어난 일들이 내 신발, 옷, 짐들에 묻혀 줄줄이 들어앉는다. 아직도 현지를 배회하는 것 같은 착각에 잠기기도 한다. 언젠가 그곳을 다시 찾아 추억을 되새길 수 있으리라는 기대를 가져보기도 한다. 그 땐 산뜻하고 가볍게 떠나리라.

나의 어느 끝날이 와서 영원의 하늘나라에 갈 때는 짐을 더 챙길까, 덜어낼까 하는 갈등은 하지 않아도 될 것이다. 짊어졌던 짐, 미련 없이 다 내려놓고 떠나야하기 때문이다. 더 나이 들어 의지하던 지팡이까지도. 그러니, 그때를 생각해서라도 어디든 짐에 대한 갈등 없이 가볍게 떠나는 연습을 미리 하며 살아야 할 것 같다.

가슴으로 쓰는 편지

나는 디지털 시대에 살고 있지만, 실은 아날로그적인 삶에 더 익숙해 있는 세대다. 카톡, 문자메시지나 인터넷 검색, 이메일로 소통은 겨우 하는 편이어도 젊은이들처럼 빠름을 강조하는 LTE시대에는 서툴다. 그것들은 빛의 속도만큼 빠르게 달려가지만, 시간이 기울어야 만날 수 있는 노을처럼 기다림의 손편지가 더 반가운, 느슨한 세대라고 할 수 있다.

가끔 그에 대한 향수가 소중하게 간직한 옛 편지들을 꺼내 읽게 한다. 단순한 통신만이 아닌 가슴으로 쓴 손편지를 가슴으로 읽는다. 그때의 기다림과 그리움이 배인 편지가 외롭고 힘들 때마다 마음을 따뜻하게 데워준다.

나는 시골에서 자랐지만 일찍부터 집을 떠나 객지에서 공부했다. 직장생활도 주로 도시에서 했기 때문에 가족들과 사연이 많은 편지들을 늘 주고받았다. 출장지에서 보내온 남편의 편지, 장성한 자녀들이 객지에 나가 공부하면서 보내온 편지, 오래 못 본 친구들의 우정이 담긴 편지 등 편편이 애틋한 내용들이다. 그래서 버리지 못하고 지금껏 간직하고 있다. 물론 지금은 메일로 받은 편지도 일부 저장하고 있지만 모양새가 다 똑같은 활자체로 되어있어 손편지와는 다른 느낌이다. 이보다는 종이와 글씨체가 다 다른, 누렇게 변해가는 편지가 과거의 너와 나를 아직도 묶어주고 지금도 그 끈을 이어가게 해서 애착이 더 간다. 그 글씨만 보아도 본인의 얼굴이 먼저 떠오르고 그 체취와 정을 새삼 느끼는 것 같아 애틋함이 있다.

평상시에는 가족끼리도 늘 그 자리에 있어 덤덤하게 지내지만 떨어져 있거나 어려운 일이 생기면 가족의 그늘이 소중하게 느껴진 않을 수 없다. 마음을 담아 쓴 손 편지는 다정하고 애정 어린 표현이며 그립고 아파하는 진심을 담은 편지이기에 마음을 열게 하는 감동을 준다. 섭섭했던 마음도 사라지고 위로가 되며 울타리가 되어준다. 학교에서 학생을 다룰 때도 말썽을 피우고 삐딱하게 구는 학생에 대한 처방은 말보다 편지가 더 효과적일 때가 있다. 진심을 담아 걱정하는 교사의 마음이 전해졌기 때문일 것이다. 가슴으로 손수 쓴 육필의 효과다. 가끔 가족의 편지, 제자의 편지, 친구의 편지를 다시 꺼내 읽으면 잃어버려가는 기억도, 정겨움도 새록새록 살아나는 것 같다.

어느 방송국의 '행복한 시니어'라는 노년 전문 프로그램에 나오는 어르신들의 손편지 사연이다. 아날로그적인 삶에 익숙한 그들은 방송을 통해 세상과 적극적으로 소통하고 있다. 그 내용이 한자나 영어를 섞어 쓰는 분에서부터 맞춤법이 엉망인 분까지 다양한 계층의 편지에는 많은 사연이 있다고 한다. 편지지와 봉투부터 다채롭다. 그 옛날 줄이 쳐진 편지지에서부터 붉은 칸이 돋보이는 200자 원고지며, 신문에 끼어온 광고지의 뒷장을 활용한 것까지, 똑같은 게 하나도 없단다. 직장 로고가 찍힌 편지봉투도 보이고, 썼던 봉투를 뒤집어 재활용해서 사용한 분도 있다고 한다. 종이 한 장도 허투루 버리지 않고 근검절약하는 삶을 편지로 만나면서 그처럼 아끼고 검소하게 살아온 저력이 오늘의 대한민국을 발전시킨 힘이 아니겠냐고 한다.

또한 일제강점기, 한국전쟁, 4·19혁명 등 민족수난사와 보릿고개를 겪으며 파란만장한 시대를 살아온 노인들의 편지 내용에는 공통점이 있다고 한다. 어려운 환경에서 자라 제대로 배우지 못하고 가족들을 책임져야하는 뒷바라지에 일찍 돈벌이에 나서서 고생한 이야기, 북한을 탈출해 남한으로 넘어온 분들이 막막한 현실을 극복하여 마침내 꿈을 이룬 사연, 온갖 우여곡절을 겪으며 자녀들만큼은 못 배운 한을 물려주지 않겠다는 생각으로 반듯하게 키워낸 일들이다. 무엇보다 특이한 것은 그들이 현재 나누는 삶을 실천하고 있다는 점이다. 그래서 각별한 것은 몸에 밴 듯한 성실성과 겸손이 편지 행간마다 깃들어 있어서 스스로를 대견하게 여길만해도 자랑하지 않는 점이란다. 그저 매일 살면서 감사해할 뿐이라니, 이 세대들이 우리나라를 이끈 참 기둥이었다는 생각을 한다.

그들 노년의 삶이 비록 느슨해도 여유롭고 지혜롭게 사는 길임을 새삼 느끼고 배운다. 더욱 마음에 울림으로 다가오는 것은 가슴으로 쓰는 손편지가 얼마나 진정성 있는 소통인가이다. 많이 배웠거나 못 배웠거나, 높은 지위에 있었거나, 그렇지 않았거나 삶의 자세에는 별 차이 없이 겸손하게 자신을 낮추고, 손해 보더라도 남을 위해 배려하며 사는 분들에게 찬사를 보낸다. 내 주변의 가족들 그리고 지인들의 생활에서, 또는 오가는 편지 속에서 엿볼 수 있는 그들의 진정성이 있는 삶에도 찬사를 보내고 싶다.

도시문명의 빠른 속도에 주눅 들기보다는 느슨하게 기다릴 줄 아는, 마음 따뜻했던 아날로그시대가 그리운 날이다. 그래서 일까. 사랑하는 자녀들과 서로 통하는 지인들에게 마음이 녹아든 것 같지 않은 문자메시지보다는 직접 쓰고, 손수 부쳐서 기다림 끝에 가슴으로 읽게 하는 손편지를 쓰고 싶다. 나이 들면 문득 그런 생각에도 가슴을 울컥하게 하나 보다. 시간이 걸려야 마음에 스며들 듯 2, 3일 기다려야 받는 편지 한 통을 빨간 우체통에 넣고 싶은 날, 이런 마음으로 썼을 시를 읽는다.

아름다운 산책은 우체국에 있었습니다
나에게서 그대에게로 편지는
사나흘을 혼자서 걸어가곤 했지요
그건 발효의 시간이었댔습니다
가는 편지와 받아볼 편지는
우리들 사이에 푸른 강을 흐르게 했고요
그대가 가고 난 뒤
나는, 우리가 잃어버린 소중한 것 가운데
하나가 우체국이었음을 알았습니다.

- 이문재, 「아름다운 편지」

거스르다

신문에 게재된 동시를 읽으며 언어라든가, 말이라는 게 우리의 생각, 행동과 얼마나 깊이 연관되어 있는지 그 의미와 영향력이 큼을 새삼 깨닫는다. 무엇보다 역발상의 생각은 창의력뿐만 아니라 절묘한 설득력이 있다는 것도 일깨어준다.

아버지, 거스르는 일 함부로 하지 마라
그래도 그러나 그렇지만
왜 물고기들은 강을 거슬러 올라가는 것일까요
왜 연은 바람을 거스르며 오르는 것일까요

- 조기호 「그렇지만」

시에서 뿐만 아니라 산문에서도 문장력을 늘어지게 할 수도 있는, 설명적인 '그래도/ 그러나/ 그렇지만' 같은 접속사는 별로 쓰지 않는다. 그러나 이 시에서는 제목과 연에서도 쓰여 있어서 시의 의미에 큰 역할을 하고 있다. 달리 생각하며 '거듭거듭 말씀드리면'의 뜻으로 해석해서다. 혹여 남에게 밉보이지 않게 둥글게 살라는 아버지의 가르침에 아들은 통상적인 생각에서 벗어나 '그렇지만'의 반전으로 연어처럼, 바람처럼 거스르는 것도 의미가 있다는 것을 애써 설득한다. 거스름도 창의성을 유발한다는 것을 힘줘 말하고 있는 시다.

건너 건너서 알게 된 한 청년의 이야기다. 그는 좋은 환경에서 성장하고 건장한 몸매에 학벌까지 좋은 사람들에 비하면 스스로를 '흙수저'라는 생각에 늘 주눅이 들어 있었다. 불확실한 미래에 '나 같은 게 무엇을 할 수 있을까' 하는 패배감에 늘 빠져 있었다. 그러나 그가 착실한 기독교 신자인 여자 친구를 만나 예수님을 영접한 후 자기 자신을 바라보는 시선이 바뀌니까 인생이 바뀌게 됐다. '나 같은 게가 아니라, 나야말로' 하나님이 사랑하시고 보기에도 아까운 보배로 여기시는 소중한 존재'라는 생각의 전환이다. 다시 말하면 코페르니쿠스적 전환으로 거듭나서 가치 있는 삶이 어떤 것인지 보여주며 잘 살고 있는 사례다.

코페르니쿠스적 사고란 세상 사람들이 다 '천동설'만 믿을 때 코페르니쿠스는 그 속설을 거스르는 '지동설'을 주장한데서 연유한 것으로 고정관념을 깨는 전혀 다른 발상으로의 전환을 의미한다.

어떤 문제가 막다른 길에 부딪혔을 때 한 쪽으로만 나아갔던 생각을 버리고 역으로의 생각과 희망을 바꾸는 용기가 결국 길을 트게 한다. 거기엔 반전의 설득력 있는 언어도 한몫을 한다. 혹 그럴 때 의외로 삶에 또 다른 기쁨이 열리게 되는 건 아닐는지.

굽은 길과 완행열차

산책할 때마다 즐겨 다니는 길이 있다. 길 양옆으로 나무가 우거져 있고 철 따라 꽃이 흐드러지게 핀다. 학의천 산책길이 직선인데 비해 이 길은 구불구불하다. 길지는 않지만 조형물이 있는 나무 주변으로 벤치가 두 군데나 있다. 굽은 길에 벤치까지…. 숨 고르는 내 노년의 길목 같아서 좋다.

완행열차를 탔을 때처럼 주변을 여유 있게 둘러보며 걷는다. 하지만 보통 학의천 산책로 길은 쭉 뻗어 있어 멀게 보여 급해진 마음에 내처 걷는다. 좌우는 물론, 뒤도 바라보지 않고 앞만 보고 팍팍하게 달려온 우리 인생처럼. 그러나 다시 이 굽은 길로 돌아올 때면 잠시 벤치에 앉아 고달픈 다리를 쉰다. 쉼표 같고, 여백 같은 느낌이다. 흐르는 냇물소리를 들으며 꽃도, 앞산도 보고 반려견과 함께 지나는 이웃과도 눈인사 할 수 있으니 얼마나 여유로운가.

구부러져 숨겨진 길처럼 일부 가려진 길은 한눈에 앞이 보이지 않으니 궁금증에 자연히 주변을 살피며 걸음 속도는 느려질 수밖에 없다. 하지만 곡선 차도에서 사고가 많이 나는 이유도 있다. 시야가 좁은데 속도를 늦추며 살펴 가지 않고 급하게 달리다가 미처 보지 못해 일어나는 사고다. 마치 젊었을 적의 우리 행보가 앞뒤 안 가리고 서둘러 급행열차에 몸을 실은 것처럼 살다 보면 시행착오로 실패와 좌절도 많이 겪은 경우와도 같다.

조금 떨어진 동네 슈퍼에 가려면 이곳을 지나, 낮은 능선 같은 곳에 구불구불 하게 이어진 길을 지나게 된다. 가는 길에는 4월엔 벚꽃과 라일락이 피고, 이 무렵 철쭉도 피기 시작한다. 높게 세워진 정자 주위로는 빵 둘러 철쭉꽃 잔치다. 5월이면 싸리나무와 이팝나무가 하얗게 날리고, 넝쿨장미가 아름다움의 절정을 이루는 곳, 기쁨이 배다. 아마도 이 길을 조성한 설계사가 정서적으로 감성적이고 부드러운 성격의 사람이었을 것이다.

어느 날 이곳을 지날 때 문득 토마스 하디의 소설을 영화화한 『테스』가 생각났다. 한 여인의 기구한 삶과 비극을 다룬 이야기도 이야기지만 자연의 빼어난 영상미와 서정적 장면이 잊히지 않는다. 넓은 푸른 초장에 구불구불한 길의 부드러움과 그 길을 걸어 목장으로 가는 행복한 여인의 아름다운 모습이다. 주인공 테스가 사랑하는 엔젤을 만나 고단하지만 함께해서 가장 행복했던 농장,

그곳에서 소젖을 짜러 가거나 엔젤을 만나러 오가던 그 길이 내가 즐겨 걷는 길과 그 규모는 비록 작으나 비슷하게 닮았다.

이젠 기를 쓰며 내처 달리는 직선 길보다 쉬엄쉬엄 여유와 부드럽게 굽어진 길을 걷고 싶다. 아직도 진행 중인 내 삶의 고백서 같은 이 길을. 옛날엔 속도가 느리고 사람들이 너무 붐비고 시끄러워서 싫었던 완행열차다. 그러나 이젠 세상을 느린 걸음으로 조망하며 나 같은 서민들과 따뜻한 눈길도 주고받으며 정겨운 대화를 나누는 세상 속을 추억해 보기엔 그만한 것도 없을 것 같다. 새삼스레 완행열차를 타보고 싶은 나이다.

어느 날 문득

우리 집 베란다와 창가에 수선거리는 햇살의 유혹에 못 이겨 산책을 서둘렀다. 가까이에 있는 청계산이 엷은 자줏빛을 띠고 있다. 나무마다 싹눈이 트고 꽃눈을 품고 있는 탓이리라. 어느 새 아파트 정원엔 매화가 피었고 산수유꽃이 입을 벙긋거리기 시작한 지 한참 됐다. 학의천 둔덕에도 메마른 몸으로 누운 덤불을 밀치고 새싹들이 쑥쑥 얼굴을 내민다. 기특하고 반갑다. 봄은 이처럼 문득 찾아왔다. 세상사 돌아가는 정보에 어느 날 문득 놀라고, 슬퍼하며 기뻐할 때처럼.

사노라면 내 안, 내 일만 들여다보는 바쁜 일상에 젖어있기 십상이다. 그러다가 어느 날 문득 시선이 머문 곳에 새로운 세계가 펼쳐있는 것을 무심하게 지나칠 수도 있지만, 새로운 경험으로 다가갈 수도 있다. 움츠러든 몸과 마음에 기지개를 펴듯 생기와 활력을 불어넣는 새 에너지로 봄을 맞게 한다. 어제 오늘이 다르게 싹이 올라오고, 활짝 펴가고, 꽃을 피우는 봄이다. 눈앞에 들어선 봄은 의욕을 잃고 지쳐가는 메마른 영혼에게, 혹은 죽어가는 생명들에게 희망이 되어줄 것이다. 봄은 설렘이고 바람이기 때문이다

우리 집에 명자나무 분재가 있다. 진분홍빛 꽃망울을 맺는가 싶더니 벌써 앙증맞고 예쁜 둥근 얼굴의 소녀처럼 활짝 웃고 있다. 매일 아침 들여다보는 나를 기쁘게 해서 밝은 표정으로 하루를 시작 한다. 어제는 사진을 찍어 카톡으로 직장에서 힘들게 일하는 아들과 사위에게 보냈다.

"망중한(忙中閑), 피곤할 때 보고 웃어요. 스트레스 풀고…."라고 했다.

"예뻐요. 완연 봄기운이 느껴집니다."

그 비슷한 답들이 왔다. 눈 돌릴 틈도 없이 얼마나 바쁜 직장 생활이면 이제야 문득 봄다운 봄을 느낀다는 인사일까. 하찮게 지나칠 수도 있는 계절의 변화가 매임에서 잠시 풀어주고, 빈 마음도 풍성하게 채워주고, 꺼져가는 심령도 돋우어 줄 것 같지 않은가.

얼마 전, 문득 친하게 어울리던 문우가 돌아가셨다는 비보를 들었다. 정이 많았던 그녀가 특이한 음색의 말투와 함께 우리 곁에서 영원히 사라진 슬픔을 겪었다. 예상치 못한 소식이어서 새삼 인생이 참 허망하다는 것을 실감했다. 며칠 전에는 서로 잘 통

하며 정을 나누었던 지인이 병원에 입원했다. 늘 속이 불편하여 병원을 찾은 그녀는 위암 3기에 주변 임파선에까지 전이되었다는 진단을 받았다. 갑자기 자신에게 닥친 질병에 절망할 수밖에 없었을 것이다. 한없이 나약하고 초췌해진 모습에 놀라고 슬펐다. 그러나 사람으로서 할 수 없는 일을 하나님 앞에 모두 내려놓고 주님만 의지하자며 함께 기도하고 나왔다.

그 병동을 뒤돌아보며 내일을 알 수 없는 인생이라 참 마음도 발걸음도 무거웠다. 사노라면 겪기 마련인 그런 일들이 없을 수만은 없는 나약한 우리인 걸 어쩌랴.

그러나 우리들 삶에 어찌 슬픔만일까. 주변에서 원하는 대학교에 합격 소식을 들었을 때나, 청년 취업이 어려운 중에 입사 통지서를 받았을 때에, 축복 가운데 어린 새 생명이 순산된 소식이며, 의사로부터 질병의 고통에서 해방된 완치의 진단을 받았을 때라든가, 하는 일이 잘 풀렸을 때는 어떤가. 문득문득 들리는 소식에 모두 기뻐한다. 고난과 슬픔이 있는 곳에 기쁨도 주어짐은 신의 자비로움이 함께함이라고 해야 할까, 인생 유전이라고 해야 할까.

자연은 때가 되면 빈 마음, 빈손으로 미련 없이 툭 털고 물러난다. 그러다 봄이 오면 그 자리에서 다시 소생하여 수려한 모습을 드러내기에 잃어버린 계절을 다시 만나는 기대와 위로가 있다. 곁을 떠난 사랑하는 사람의 빈자리도 그러나 채워지기 마련인 섭리를 계절과 삶의 변화에서 경험한다.

언제 찾아올지 모를 우리의 떠날 날을 생각하면 오늘 문득 기쁨으로 다가온 이 계절을 맘껏 누리리라. 연초록 햇살을 온몸에 듬뿍 담는다.

꽃피우고 열매 맺기 위해서

올봄에 우리 집 군자란이 어느 해보다 탐스럽고 수려하게 꽃을 피웠다. 몹시 추운 겨울을 견딘 다음에 필 때 더욱 화려하다는 것을 알았다. 그래서 혹한일 때도 밖의 베란다에 그대로 둔다. 꽃에 따라서는 추위를 거쳐야만 피는 꽃이 있다. 저온에 노출되지 않으면 꽃이 피지 않는 튤립, 히아신스, 백합 같은 꽃이나 철쭉 진달래 등이 여기에 속한다. 이를 전문 용어로 춘화 현상(春花 現象)이라고 한다. 사람도 춘화 현상에서 자유롭지 못하다. 대부분 눈부신 인생의 꽃을 피우는 데는 혹독한 고난을 겪은 자의 몫이라는 애기다.

호주 시드니에 사는 어느 교민이 고국을 다녀가는 길에 개나리 가지를 꺾어 가서 자기 집 마당에 옮겨 심었다. 맑은 공기와 좋은 햇빛의 환경 덕에 개나리 가지와 잎은 한국에서보다 무성했지만 꽃은 피지 않았다. 몸살을 하는 첫해여서 그러나 보다 했는데 3년째가 되어도 마찬가지였다. 나중에야 알게 된 것은 한국처럼 혹한의 겨울이 없는 호주에서는 개나리꽃이 아예 피지 않는다는 사실이다.

어린 시절, 가을에 파종한 보리가 겨울을 지나 봄에 들어서면 용케도 파릇파릇 올라온 싹들을 밟아주던 어른들 생각이 난다. 녹은 땅에 솟은 뿌리를 눌러주기 위해서다. 땅 표면은 얼어 있어도 밑의 온기를 받아 용을 쓰며 피운 싹이라서인지 더 파랗다. 그래서 대부분 가을에 파종해 겨울을 나는 '가을보리'의 수확이 더 클 수밖에 없을 것이다.

성공한 사람의 인생 열매도 마치 가을보리와 같다. 혹독한 삶의 겨울을 지나왔기 때문에 튼실한 결실을 맺는 기쁨과 보람을 갖게 될 것이다. '이 또한 지나가리라'는 희망을 붙들고 추운 삶의 고비 고비를 견뎌온 노력 덕분에 봄날을 맞는 분들을 주위에서 많이 보아왔다. 인간도 자연인인지라 살아가는 생명의 본질이나 자연의 이치가 다 같음을 어찌 모르랴.

금년도 한 해 끝자락에 와있다. 그동안 내 인생의 꽃을 피우고 열매를 맺기 위해서 과연 얼마나 치열하게 살았는지 돌아본다. 게으름과 여러 핑계로 꽃이 없는 개나리나 가지와 잎만 무성한 무화과나무 같지는 않았는지 모르겠다.

나의 어머니

한 평생을
동창에 햇살 들어
환한 얼굴로 일으키시고
중천에 솟아오른 햇빛 되어
애면글면 자라게 하시던 그 손길
북창에 산 그림자 드리우면
따뜻한 품으로 안으시던
지성에 하늘 문을 연
그리운 어머니

- 졸작 「사모곡 · 12」

어머니가 사무치게 그리울 때마다 썼던 '사모곡' 시리즈 시들 중의 한 편이다. 앞으로도 계속 이어질 내 노래다.

어머니를 생각하면 아득한 수평선 너머 아스라이 나타난 빛처럼, 노을처럼 금세 사라진다. 손을 잡아 볼 수도, 만질 수도,

그 체취를 느껴볼 수 있는 실체가 아니기 때문일 것이다. 그러나 살아생전에도, 이미 내 곁을 떠나셨어도 평생 나와 같이 사신다. 가슴에 애잔한 그리움의 눈물을 고이게 하는 분이시다.

누군가 말했다, '청춘은 사라지고, 사랑은 시들며, 우정의 잎사귀는 떨어지지만, 어머니의 남모르는 사랑은 그 어느 것보다 오래 간다'고. 어머니는 사랑이며, 희생이며, 망망대해에 떠있는 일엽편주(一葉片舟)라 해도 과언이 아니다. 강인한 듯 외롭고, 위대하듯 영원하다. 갓난아이 때부터 사랑의 포대기로 싸안고 노심초사하며 잘 쌓은 성곽처럼 우리를 보호하고 기르신다. 해산의 고통에서부터 양육, 집안일, 가족 부양에 이르기까지 여자로서의 고달픈 삶이라 하겠다.

'여자는 약해도 어머니는 강하다'는 말도 있다. 신체적으로는 연약한 몸이지만도 자식 일이라면 어떤 고생스럽거나 어려운 일이 닥쳐도 두려움 없이 앞장서시는 강인한 정신을 가지셨다. 그래서 어머니는 강하고 위대한가 보다. 그 위대함이란 마르지 않은 샘과 같은 사랑과 간절한 기도로부터 나오는 게 아닌가 싶다. 태산처럼 변하지 않은 일편단심의 자식 사랑을 어느 사랑에 비교하랴.

그러나 어머니는 비록 강인해 보여도 약하고 마음이 여린 여자일 수밖에 없다. 예나 지금이나 울타리인 아버지가 계셔도 소소한 일로 도움 받기가 그리 마땅치 않을 땐 결국 집안 대소

간의 일을 혼자 치르시는 셈이다. 여자이고 어머니라서 남모르는 외로움이나 마음고생도 많았을 것이다. 지금의 핵가족시대는 더욱 그렇다고 할 수 있다. 뿐인가. 옛날 우리 어머니 세대는 자신을 위해 소유하거나, 치장하고, 누리는 일이 그리 흔치 않았다. 날마다 부서져 내리고 무너지는 고목과도 같았다.

나의 어머니 역시 그러셨다. 어떤 어려움과 두려움, 희생도 자식 사랑이라는 이름으로 마다하지 않으셨다. 정말 '여자는 약하지만 어머니는 강하다'는 말에 맞게 사셨다. 때로는 지아비와 어른들을 받들고 순종하느라 많이 외로움을 타시고 고생도 많이 하셨다. 집안의 모든 갈등도 감내하며 넉넉한 마음으로 스스로 결정하고 몸소 감당해야 해야 했기 때문이다. 그 틈에도 형제간이나 소외되고 불쌍한 이웃을 보면 외면하지 않고 나눔을 몸소 실천하셨다.

그 당시 어른들의 봉건적인 남존여비 관습으로 어머니는 학교 교육을 제대로 받지 못했다. 그러나 자식에 대한 교육열은 남달라서 손주들까지 객지로 나가 공부시켰다. 그런 어머니가 몸은 비록 무너져가는 고목 같을지라도 사랑과 인정, 교육열만은 그 누구 못지않으셨다. 해서 나에게 노년의 어머니는 곱게 물들어가는 노을이셨다.

내 어머니이니까 곁에 오래 머물기를 바랐다. 그러나 슬퍼도, 저 건너 노을이 아무리 아름다워도 닿을 수 없는 건 매한가지,

남들은 살만큼 사셨다고 하지만 자식 입장에서는 돌아가신 게 너무 허망했다. 더욱 나는 막내로 많은 사랑을 받고 자랐기에 어른이 되었음에도 그 빈자리가 너무 컸다. 가신 지도 벌써 수십 년이 되었지만 마음속에는 여전히 살아있는 그림자다. 늘 함께 간다.

어디에서나, 어느 때든, 일마다 생각날 때가 많다. 속상할 때면 더욱 응석부렸던 그때로 돌아가고 싶어지고, 모습을 떠올리면 눈가가 촉촉이 젖는다. 접어도 피어나는 얼굴이 그리운 나의 어머니 아닌가.

추억의 굴비 멀덕국

추석명절 즈음에 영광 굴비 한 두름이 소포로 부쳐왔다. 명절 때면 간혹 잊지 않고 챙기는 제자로부터다. '선생님께서 저희 여고 시절에 들려주신 그 굴비 이야기 생각이 나서 좋아하실 것 같아 보내드립니다. 추억도 떠올리며 맛있게 드세요'라는 메모지도 있었다. 옛날 그 다섯 마리 굴비에 비하면 통통하고 촉촉한 20마리가 얼마나 풍족하게 보이는지, 맛도 추억도 바래지지 않은 굴비다. 추억은 늘 슬프든, 기쁜 것이든 삶이 팍팍하고 밋밋해질 때 기억의 저편에서 불쑥 나타나 웃게 하는 윤활유 같으면서, 회심(回心)의 통로가 되기도 한다.

대학 졸업반일 때 학교 근처에서 친구와 자취를 했다. 나는 집이 시골이고, 그 친구는 가까운 인천에 살았지만 병원에 간호사로 근무하며 학교를 다녔기 때문이다. 어느 날 어머니가 먹거리 몇 가지를 부치면서 굴비 다섯 마리도 함께 보냈다. 지금의 흔한 반 건조 굴비가 아니라 염장을 해 바짝 말린, 보리 굴비 같은 것으로 기억하고 있다.

큰 병원에서 일했던 그녀는 낮에는 학교에 다녀야하기 때문에 주로 밤 근무였다. 해서 강의 시간엔 늘 내 도움을 받아야 했고 시간도 쫓겼다. 우린 객지생활에 학비 절약도 절약이려니와, 졸업반이라 여유롭게 시장을 보러 갈 처지도 아니라서 그 굴비를 3탕까지 끓여먹은 적이 있다. 두 번에 나누어 처음 끓일 때는 고기만 발라 먹고 남은 머리들은 모아 다시 쌀뜨물을 받아 양념 넣고 끓이면 짭짤한 굴비라 그런대로 먹을 만 했다. 지금 같으면 무슨 맛이라 하겠는가. 내가 끓여 놓고도 멋쩍어서 "맛있어, 맛있지?" 하면 그 친구 떨떠름한 표정으로 "응!" 해도 서로 마주보곤 웃었다.

그녀가 미국 가서 공부할 때 그 굴비 멀덕국 시절이 그립다고까지 편지에 썼다. 젊어서였을까, 그때는 매사에 부족하지만 조금도 위축되지 않고 늘 긍정적으로 불편한 생각 없이 지냈던 것 같다. 세상에는 돈으로 살 수 없는 것이 참 많다. 청춘이 그 중 하나다. 특권처럼 청춘의 발랄함, 흔쾌함, 패기가 부러움의 대상인 때다. 꿈이 현실을 넘어서게 하는 자긍심에 무엇에든 구애받지 않고 마음은 넉넉하니 사고영역 또한 자유분방했으니까. 그 친구 미국 대학 강단에서 은퇴하고 지금은 남해에서 산다. 우린 지금도 만나면 조금도 바래지지 않은 우정과 그때의 재탕 굴비 이야기에 배꼽잡고 웃는다. 유별나게 각인된 추억 중의 하나인 게다.

해마다 돌아오는 새 계절에 대한 정서만은 여전한데 생각은 왜 그때처럼 자유롭고 흔쾌하지 못하며 옹졸해졌는지. 변함없이 곱게 물들인 낙엽, 튼실한 열매까지 선선히 다 내주고 미련 없이 흔연히 왔던 자리로 돌아가는 이 가을 나무들을 새삼 경외의 눈으로 쳐다본다. 나이 탓만은 아닐 게다. 지금도 변함없는 맛으로 우리의 미각을 즐겁게 하는 굴비, 그 추억으로 그리운 옛날이다.

3.

바람의 길에서

내 서정을 키우던 집

지나온 길을 문득 뒤돌아봤을 때 눈에 들어오는 정경들이 그림처럼 아름답게 보일 때가 있다. 애틋한 그리움마저 몰려온다. 어린 시절 고향을 떠올리면서 더 그런 느낌이다. 오늘에 있기까지 내 서정적인 감성에 적잖은 영향을 끼쳤다고 할 수 있고 여전히 그리움으로 남아있기 때문일 것이다.

저녁에 주로 하던 산책을 오랜만에 아침에 나섰다. 조금 벗어나게 되면 만나는 것마다 어린 시절의 이 무렵을 떠올리게 했다. 어느 집 울타리에 노란 호박꽃이, 나팔꽃과 함께 어울려 올라간다. 텃밭의 고추엔 여름이 빨갛게 타고 토마토는 햇살에 얼굴을 붉히고 있다. 윤기가 자르르한 가지는 진한 보랏빛으로 여름을 담았으며 옥수수 몇 그루가 훤칠하게 둘러 서 있다. 내 어린 시절 우리 집 텃밭이 그랬다.

고향집, 위채 툇마루에서 보면 앞에 장독대가 보이고 그 옆엔 주렁주렁 열매를 단 대추나무 한 그루가 있었다. 그 옆에 어머니가 해마다 즐겨 전과를 해 드시던 동아나무엔 크고 긴 열매들이 막대기에 세워놓은 줄기에 매달려 있었다. 반질거리는 장독이 옹기종기 놓여있는 그 둘레로 채송화, 맨드라미, 옥잠화가 피고 지곤 했다. 그것들이 보이는 양지바른 툇마루는 내가 즐겨 공부하고 책을 읽던 곳이다. 툇마루에 엎드려 『작은 아씨들』, 『소공자』와 『소공녀』를 읽는 재미에 빠져서 웃고 울기도 하던 때다. 태어날 때부터 살던 집이지만 그 무렵이 제일 마음에 각인되었던 게 아닌가 싶다.

오빠 내외가 기거하는 아래채에 내 방이 있었지만 여기가 좋았다. 딸린 헛간 초가지붕 위에 여름 달밤이면 면사포 쓴 언니를 닮은 하얀 박꽃이 얼마나 예쁘게 피어있던지. 지금도 박꽃을 보면 울컥 목젖이 잠기며 어머니와 언니 생각이 난다. 담장엔 무성하게 뻗어간 호박넝쿨 사이로 나팔꽃이 바람에 덩달아 춤추며 나팔을 불었다.

아래채 옆 텃밭에는 먹을거리들이 익어가서 수시로 들락거리는 재미가 쏠쏠했다. 무엇보다 가장자리로 뺑 둘러 심겨진 단수수(사탕수수)대를 잘라 한입 배어먹는 달콤한 맛이라니! 달빛 고이는 밤에 마실 나갈라 치면 옥수숫대의 바람에 서걱거리는 소리와 너풀거리는 피마자(아주까리) 잎이 귀를 쫑긋거리게 해도 조용한 달밤의 시골 적막과 함께 마음을 감치게 했다. 초등학교 졸업 후 여학교 진학 때문에 도시로 나갈 때까지 그곳에서 지냈다.

초등학교 4학년 무렵 9·28수복 직전, 6·25전쟁이 한창일 때 우리가 살던 면소재지보다 더 오지인 외갓집으로 피난을 갔다. 전쟁의 위험이 별로 없이 평온했던 그곳에 잠시 머물렀던 기억 또한 잊을 없는 추억으로 남아있다. 몇 가옥 안 되는 마을의 외갓집 뒷동산에 솔밭이 있었고 길 건너편에 꽤나 큰 대나무 숲이 있었다.

두 그루 감나무에서 떨어진 감꽃이 마당을 하얗게 수놓은 밤, 더위를 피해 평상에 누우면 둥그런 밤하늘에 총총한 별들이 한꺼번에 쏟아져 내렸다. 모기를 쫓으려고 피운 건초 타는 냄새가 메케하니 눈을 맵게 하던 곳, 어른들의 옛날이야기를 듣다가 어느새 잠들곤 하던 그곳이 지금도 눈에 선하다.

외사촌들과 '쏴' 하는 솔바람 소리에 섞여 어스름 때까지 치맛자락 되감으며 뛰놀곤 했다. 대나무 숲속으로 들어가면 세찬 바람이 스치고 지나가는 묘한 대숲의 소리가 때로는 두렵게 들릴 때도 있었다. 그러나 마음을 간지럽히며 다정하게 속삭이는 노래로도 들리어 귀 기울이기를 좋아하던 곳. 흔들리는 키 큰 대나무 따라 하늘을 올려다보면 구름자락이 손 흔들며 내려다보곤 했다. 뿐이랴. 동네 어귀에 몇 그루 나무들로 둘러 있는 공동우물이 있었다. 늘 서늘한 그늘과 물이 시원해서 놀다가 그 곳의 우물을 들여다보면 물결 따라 그려지는 내 얼굴을 보는 재미하며, 소리 지를 때면 메아리쳐 오는 맑은 소리는 또 얼마나 좋았던가.

고향집 하면 외갓집까지 동시에 떠오르는 기억들이다. 내 문학적인 서정의 태동이 시작된 곳은 바로 어린 시절의 그곳들이 아니었나 싶다. 이런 다양한 서정적인 감성의 경험이 후에 시를 쓰는 시어(詩語)의 밑거름이 된 것 또한 사실이다. 이제 어른들은 다 돌아가시고 조카들은 도시로 나가 살기 때문에 선산만 덩그러니 고향에 남았다. 산천도 그 집 주변도 많이 변해서 성묘하러 가는 날 외엔 가는 일이 별로 없다. 그러나 마음만은 여전히 그 옛날 그곳에 머물곤 한다.

지금은 분망하게 산 지난날의 바쁜 걸음을 느림의 행보로 바꾸어 자연과 더 가까게 접할 기회인, 고향 산천 닮은 청계산 자락으로 이사를 왔다. 심신이 더 평안해졌음은 물론이다. 따라서 내 서정을 키워주던 어릴 적 고향을 대신할 만한 이곳에 와서 그때의 순수로 돌아간 듯 살면 세상살이에 굳어진 마음이 한결 넉넉해져서 좋은 작품의 산실, 사유의 글방이 되지 않을까 바라본다.

내 아이는 어떤가

옛말에 '엄하게 키운 자식이 효도 한다'는 말이 있다. 부모의 자식 사랑이야 세상에 어떤 사랑보다 크다는 것을 누구든 부인 못한다. 그렇지만 요즈음 젊은 부모들 아이 키우는 것을 보면 우리 세대와는 또 다르다. 사랑이 지나쳐 과보호로 자녀들이 자존감이나 독립심이 부족한 온실 속의 아이이거나, 남을 배려하지 않는 이기적인 아이로 만드는 것은 아닌지 우려된다. 엄격한 육아법으로 유명한 다른 나라의 경우도 고려해볼 만할 정도에 이른 것 같다. 그렇다고 엄한 어머니, 앵그리 맘(Angry Mom)의 아이 키우기가 꼭 이상적인 것만도 아닐 것이다.

나는 세 아이를 키운 어머니이고 교직에 몸담았던 교사이기도 하다. 내 자식이든, 남의 자녀이든 제대로 키워 사람다운 사람을 만드는 일이 얼마나 어려운지를 몸소 겪은 셈이다. 최선을 다 했어도 어떤 면에서는 실패도 있었기 때문이다. 오죽하면 교육을 가정이나 한 나라의 먼 장래를 위한 계획, 백년대계(百年大計)라 했을까. 교육이 사랑만으로도 안 되고, 엄격한 훈육이나 처벌만으로도 되지 않는, 일방통로가 아니라는 것이다. 지나고 보니 사랑의 매와 품어 안고 도닥거림을 상황에 따라 적절하게 조절하며 제재와 기다림이 필요했다는 것을 자연히 알게 됐다.

우리 아들에게는 딸만 하나다. 하나라서인지 지나친 관심과 과보호에다 아이가 스트레스 받으면 안 된다고 온갖 뜻을 다 받아준다. 예로, 거의 35개월 된 아이가 아직도 변을 못 가린다. 버릇 교육에도 때가 있다고 조언하면, 때가 되면 다 가리게 된다고 그 아이에게 낮은 말을 못하게 한다. 기다려준다는 것, 틀린 말은 아니다. 그러나 아이를 온실 속 화초처럼 키우면 안 된다고 말하자 아들 며느리 다 정색을 한다. 물론 잘한 것은 칭찬도 아끼지 말아야하지만 좋은 생활 습관을 위해서는 혼도 내고, 적절하게 제재도 가해야 하는데 너무 약하게만 키우는 게 아닌가 걱정이다. 시대의 조류인지 저희 부모의 육아경험이나 지혜가 그들에게는 잘 먹혀들지 않는 때가 있다. 어찌 내 아들만의 이야기겠는가. 친구들 말이 그네들 자녀도 마찬가지라며 "맞아, 맞아." 모두 공감을 한다.

모 일간지에서 읽은 유럽 부모의 철혈 육아법 이야기다. 모(某) 닥종이 인형 작가는 육아법 탓에 독일인 남편과 갈등이 많았다고 한다. 변을 못 가리는 아이 엉덩이에 뜨거운 물, 찬물을 들이부으며 혼을 내주어 기겁을 했다. 시어머니가 남편 어릴 때 했던 방식이라니 더 놀랍다. 프랑스에서는 공공장소 예절을 지키지 않으면 엄마에게 뺨을 맞는 아이를 흔히 볼 수 있다고 한다. 식사할 때 떠들거나 반찬 투정을 하면 벌로 디저트를 안주거나 다음엔 식사할 기회를 안준다고 한다.

미국만큼 체벌이 금지되어 있고 아동 인권 의식이 높은 나라도 없다. 한 예일대 교수는 '무조건 아이를 존중하며 방관하다시피 하는 미국 부모들 탓에 자존감이 낮고 우울한 아이가 넘쳐난다'고, 그가 쓴 『타이거 마더(tiger mother)』에서 꼬집었다. 아동학대 논란도 있었지만 단번에 베스트셀러가 되었다고 한다. 뿐만 아니라 볼티모어 폭동 때 시위대에 낀 아들을 끌어내 뺨을 때리며 훈육한 엄마가 '올해의 엄마'로 뽑혔다고 하니 이도 놀랍다. 자식에게 한없이 관대한 미국 사회에서 엇나가는 아이 바로 잡는 용기를 보여준 탓일 게다.

모든 부모, 아니 앵그리 맘은 험한 말과 체벌 끝에 으레 "이게 다 너를 사랑하기 때문이야."라고 말한다. 교사가 하는 말도 마찬가지다. 그러나 받아들이는 아이도 과연 똑같은 마음일까 싶다. 받아들이는 아이에 따라서는 그 모멸감이 어느 때든 지우고 싶은 상처로 남아 평생 트라우마(Trauma)가 될 수도 있다. 체벌보다 절제 있는 훈육과 기다림이 더 좋은 결과를 가져올 수도 있기 때문이다. 철학자 버트런드 러셀의 말을 빌리면, '매를 맞은 덕에 자신이 더 나은 사람이 됐다고 믿는 것이 체벌의 가장 나쁜 결과'라고 했다. 때문에 부모든, 아이든 그 입장에서 교육차원의 '사랑의 매'라는 것도 어렵기는 마찬가지다.

우리나라 옛 어른들의 교육방법은 지금보다 참 엄하다. 그런데 선진국이 오히려 더 엄한 것을 보면 가문의 법도나 명예를 이어가기 위한 부모의 자존심일 수도 있다. 어떤 면에서는 아이를 키우고 가르치는 사람들이 귀담아 들을 만도하다. 엄하게 키우는 것과, 아이의 뜻을 존중하며 자유롭게 키우는 것 중, 어느 것이 더 효과적이라고 단언하기는 어렵기 때문이다. 다만 온실속의 화초같이 자란 아이가 다음 세대로 이어갈 때 장래가 어찌될지 우려될 뿐이다.

5월 어느 날 가까이에 있는 청계산 자락을 올랐다. 나무마다 아프게 박힌 옹이가 있다. 간혹 자연적인 현상에서, 또는 사람의 손에 의해서 상처 입은 자리가 변이되어 자란 나무가 눈에 띈다. 옹이마다 굴곡진 삶의 흔적을 보며 나무가 입은 아픈 기억으로 매끈하게 자라지 못한 나무를 만져 본다. 거칠고 울퉁불퉁한 그 아픈 기억이 내게도 전이되는 것 같다. 사람 역시 마찬가지다. 지난날의 내 교육은 어땠을까 뒤돌아보게 했다. 본의 아니게 상처를 입혔을 수도 있는, 그 트라우마로 해서 푸르고 쭉 곧은 나무가 아닌, 어긋나게 자란 아이가 혹 있었을지도 모른다는 생각에 미치자 마음이 무거웠다. 그러나 트라우마가 아닌, 옹이가 오히려 삶에 밑거름이 될 수 있다. 완전한 인격 형성의 계기가 되어 사람 구실하며 살게 될 거라는 생각도 든다.

나무의 상처, 그 지워지지 않는 아픔을 쓰다듬으며 내 자녀들, 내가 가르친 아이들을 생각해 본다. 과연 강·약, 냉·온을 적절하게 조절하여 제재와 기다림과 보듬으며 잘 키우고 가르쳤는가를.

뇌가 웃었다

어느 지인들과 모임이 있는 날이었다. 모처에 있는 '깐띠모아' 카페에 예약이 되었다는 연락이 왔다. 라이브 음악이 있고 점심과 차가 나오며 함께 노래도 부를 수 있는 곳이라고 한다. 생소한 곳이라 의아해 했지만 무료하고 때로는 지친 일상에 선물처럼 다가왔다. 마음의 빗장을 열고 풀 수 있는 곳이겠거니 생각해서다.

'깐띠모네'는 이태리어로 '다 함께 노래 부르자'라는 뜻이다. 아담한 장소에 백열등의 은은한 조명으로 분위기는 따뜻하고 아늑해 보였다. 무대에 대형 피아노가 있고 다른 악기도 보인다. 예쁘게 세팅되어 있는 테이블 중심으로 곱게 차려입은 중년의 여인들이 끼리끼리 앉아 있었다. 동창 모임이나 지인들 만남 또는 가족 모임 같은 모습으로 보였다. 점심은 함박스테이크와 커피가 나왔다.

정한 시간에 초로의 빵모자를 쓴 신사가 무대에 등장했다. 45년 라이브 인생을 살았다는 이곳의 주인, 카페지기이다. 30여 분 혼자 피아노를 치면서 동요와 팝송, 가곡들을 차례로 들려주었다. 오랜 세월 이 일이 지겨울 법도 하건만 첫 무대에 선 사람처럼 진지해 보였다. 젊은이 못지않은 감성의 부드러우면서 감미로운 음색과 선율에 뜻밖의 즐거움과 위로를 받은 느낌마저 들었다. 아마도 그분이 이 음악과 함께한 것은 나름대로 자기 자신에게 거는 최면이 있을 것이다. 스스로 즐겨서도 하지만 상대방들도 기뻐하니 하는 거라고. 누구든 자기가 좋아하는 일에 빠져 그에 미치면 행복한 삶일 것이다.

즐겁게 노래 부르면 '뇌가 웃는다'고 한다. 같이 부르기도 하고, 때로는 우리끼리 부르도록 유도했다. 동요와 함께 자막이 뜬다. 뜸북새가 울고, 초가지붕의 고향마을이 보인다. 은하수와 조각배가 뜨고, 옹달샘에선 물이 솟는다. 손뼉을 치며 오랜만에 부르는 동요에 우리는 어린애처럼 좋아했다. 옛 팝송과 가곡을 부를 땐 마치 청춘 시절로 돌아간 듯했다. 언뜻 사랑을 구가하는 젊은이의 모습도 일렁거렸다. 그때, 그 시절의 친구 생각에 가슴도 뭉클했다. 우린 세상일일랑 접어놓고 어린 시절로, 젊은 시절로 들락날락하며 좋아했다.

맘껏 노래 부르고 즐겼으니 뇌가 웃어서 조금은 근심과, 슬픔과 미움까지도 싹 청소되었을 것 같다. 몸은 마치 카페에 간힌 카나리아처럼 노래했으나 영혼은 하늘을 날아오르고, 호숫가를 걷고, 들판을 달리며 숲속을 걷듯 했다.

드디어 한바탕 마당놀이한 사람들처럼 흥이 막을 내렸다. 어렸을 적에 골목에서 해지는 줄도 모르고 정신없이 놀다가 어머니가 부르는 소리에 골목을 빠져나갔던 시절이 있었다. 그때처럼 시간가는 줄 모르고 청정한 마음으로 즐기다가 카페를 나와 회색의 도심, 내 삶 속으로 빠져들었다.

늙은 마누라 보듯

외출복을 찾기 위해 옷장을 열면 옷이 제법 많이 걸려있다. 그러나 막상 입을 옷을 찾으려면 마땅치 않을 때가 있다. 한때는 그 옷들도 나를 얼마나 설레게 했던가. 지금은 세월 입은 늙은 마누라 보듯 이들에 대한 설렘도 없어 시큰둥하다. 옷은 많은데 입을 것이 없다면 배부른 소리에 얼마나 역설적인가. 변화를 시도하려는 의중인가.

마땅치 않은 옷을 버리지도 못하는 것은 저장 강박성이 그 이유 중 하나일 것이다. 버리자니 아깝고, 안 입는 옷들로 채워진 옷장을 보면 원활한 소통과 통풍이 안 되어 답답하다. 혹여 내 안에 자리 잡고 있는 관념들을 '버려야지!' 하면서도 쉽게 떨쳐버리지 못할 때처럼. 때문에 소통이 어려운 사람일까 봐 두렵다.

한편 익숙하고 길들여진 것에서 벗어나 새로운 변화를 시도

하려는 의중도 있을 것이다. 아마 그래서 사들이기를 반복하나 보다. 그것은 자신의 부족함을 사물로 대치하려는 심리가 작용해서일까. 때로는 빈 마음자리를 제법 값 주고 산 옷으로 보상받으려는 심리일까. 그 이유를 자신 내면의 상처로부터 시작된다고 보면 이도 치유의 한 방법이 될 성싶다.

길에서 지나치는 사람들 중에는 몸이나 나이에 맞지 않은 옷을 어색하게 입고 가는 사람들을 종종 볼 수 있다. 뚱뚱한 사람이 꽉 끼는 옷을, 나이를 무시한 엉뚱한 옷을, 또한 성별에 걸맞지 않게 튀는 옷을 입은 사람들이다. 자기 몸에 대한 착각이 아니면, 미래지향적인 희망(?)사항에서일까. 개성시대이거니 이해하다가도 실소를 하게 된다.

그러나 자신이 좋아하는 분야에 관심을 가지고 도전하며 즐기듯이, 새 패션으로 변화를 주는 옷 입기에 멋과 사치를 부려봄직도 하다. 누가 뭐래도 자기 몸매나 나이에 대해서 옷 입기에 당당함은 오히려 돋보이게 될지도. 변화될 수만 있다면 우리의 유한한 삶에 활력소가 되고 보상받는 느낌일 것이다.

이런저런 생각을 하다가 이번 기회에 안 입는 옷들을 정리하기로 했다. 내 마음에 쌓인 짐까지도 덤으로. 또 새로운 변화가 식상한 일상에서 기분 전환도 되리라. 아마도 한층 역동적인 생활 패턴이 되지 않을까싶다. 안 입는 옷은 정리해서 '아름다운 가게'에 기부해도 된다. 내겐 식상한 옷이 다른 사람에겐 설렘과 변화를 줄 수도 있지 않은가.

뿐이랴. 버리지 못하는 나의 저장 강박성에서 벗어나 새로운 날개를 다는 계기가 될지도 모를 일, 아니면 옷장 속의 늙은 마누라가 연지 곤지 찍고 새색시로 변신할지 누가 알랴.

못생김 전성시대

염색할 때가 되면 머리 꼭대기에 서리가 하얗게 내려앉는다. 염색 안 하고 그대로 살기로 작심했어도 문제는 자라는 동안 내 인내심이 한계다. 숱한 세월이 그려놓은 적당한 주름살과 희끗한 머리칼이 자연스럽게 어울리면 그런대로 봐줄만 하겠지만 혹 미우새 할머니로 변할까 걱정이다. 요즈음은 젊게 보이려고 보톡스를 맞거나 염색하면 오히려 어색함은 물론 촌스럽게 여긴다고 하니 시대가 새롭게 달라지는 게 현실이다. '못생김' 같은 게 오히려 주목받는 대세라는데, "뭐 어때." 하면 억지일까.

외모 지상주의에, 강요된 완벽함에 신물이 난 사람들 사이의 새로운 풍조가 '못생김', 어글리(ugly)전성시대로 들어서게 했다고 한다. 못생김이 화두로 부상한 것은 비주얼 사회에 대한 피로감이 결국 외모보다는 본질이라는 생각에서일 것이다. 작고한 한 코미디언의 말이 생각난다. "못생겨서 미안합니다"라고 한 말이 한때 떠돌면서 스스럼없이 사람들을 웃겼다. 그 솔직함이 오히려 애처롭게까지 느껴질 정도였으나 오히려 겸손하고 진중한 모습이 당당해 보였다.

흔히 대형마트에선 과일과 채소들이 못생기고 상품성이 떨어지면 진열대에 끼지도 못한다. 모델도 주로 선남선녀로만 무대에 등장했다. 그러나 지금은 새까만 얼굴에 문제아 같은, 건들거리는 걸음과 옷 입을 줄 모르는 이처럼 어정쩡하게 걸쳐 입고 나온 모델이 주목받고, 의상도 개성 있는 디자인으로 뜬다. 어떤 제과점 앞에서도 사람들 줄이 장사진을 이루는 것은 첨가물을 넣지 않아 울퉁불퉁 못생겼어도 속이 꽉 차고 맛있는 빵을 사기 위해서란다. 천덕꾸러기였던 못난이가 주목 받고 있다는 게 재밌지 않은가.

뚝배기보다 장맛이라 했다. 농산물을 두고 '못생겼으면 어때, 맛있고 영양 많고 신선하면 그만이지'라든가. '상품성은 떨어져도 유기농이라서 건강에 좋고 값싸서 더 선호한다'는 식이다. 나도 작년에 지인 소개로 이런 제주도산 귤 한 상자를 싸게 구입했다. 볼품은 없어도 얼마나 맛있던지. 마케팅도 이런 흐름을 놓칠 리 없다. 음식 광고도 깔끔하고 좌우대칭이 완벽한 이미지에서 벗어난, 일부러 있는 그대로 모습의 사진과 영상을 광고에 이용함으로써 관심을 끌게 한다고 한다.

예쁘고 완벽해도 매력 없는 사람이 있다. 빈틈없고 완벽해야 살아남을 것 같은 사회에서 그렇지 못한, 어딘가 부족해 보여도 인간적인 매력이 있는 사람과 더 쉽게 접근하고 소통이 된다. 화려한 외적인 조건이나 잘생김보다는 오히려 못생기고 부족함에 대한 호감은 그 이면에 숨겨진 아름다운 본질을 선호한다는 의미일 것이다.

오늘은 왠지 염색 안 한 내 머리가 더 자연스럽고 부드러운 인상을 주는 것 같아 기분이 좋아진다.

바람의 길에서

제주도는 바다가 주연이라면 바람과 억새는 주연 못지않은 개성이 있는 조연이다. 특히 가을 여행에서. 바다와 한라산을 끼고 바람 따라 달려간 곳이 '새별 오름'이었다. 이곳 오름마다 다 특징이 있지만 가을날 규모가 큰 억새밭의 장관을 즐기기엔 그만한 곳도 없을 것 같다. 바람과 억새의 조화 때문이다. 오름 전체가 은빛 물결을 이루는 억새로 뒤덮여서 가을 감성 여행으로는 그렇게 좋을 수가 없다.

해발 519.3m 높이의 정상까지는 약 30분이 걸렸다. 전체를 다 돌아보려면 1시간 20분쯤 걸린다. 새별 오름은 저녁 하늘에 샛별처럼 외롭게 서 있다고 해서 붙여진 이름이란다. 매년 이곳에서 치러지는 '들불축제'는 또 색다른 볼거리를 제공해 준다. 억새들을 한 번에 다 태우는 축제다. 바람을 타고 타오르는 불꽃 장면은 얼마나 환상적일지 상상해 본다.

사람의 키보다 더 큰 억새들이 끝없이 이어지는 샛길로 들어섰다. 바람과 억새의 길이다. 정상까지 사랑의 오솔길처럼 뻗어 있다. 70년대부터 지금까지 전 세계 모든 이들의 애창곡인 스페인의 대중가요, 'Eres tu(그대 있는 곳까지)' 생각이 났다. '바람아 불어라 그대 있는 곳까지…' 상징적이면서 서정적인 멜로디와 가사가 귓전에서 맴돌았다. 초입에 외롭게 의자에 앉아서 트럼펫을 부는 한 남자가 있었다. 넓은 억새밭 주변으로 느릿하면서도 잔잔하게 울려 퍼지는 멜로디는 억새들의 흔들림만큼이나 사람의 감성을 흔들었다. 그 앞에는 악세사리를 진열해 놓은 트럭이 있었다. 생계를 위한 일이기도 하겠지만 악기 연주 자체를 즐기는 삶의 한 방편인지도 모른다.

오를수록 바람 따라 흔들리는 하늘 속 억새의 품속으로 들어갔다. 그 유연하고 부드러운 몸짓 속으로 잠수해 갔다. '어서 오라'고 은빛 머리카락 날리며 앞서 손짓하는 어머니의 환영을 보는 듯했다. 정상에 올랐을 땐 멀리 한라산이 눈앞에, 서쪽으론 바다가, 아래론 우리가 지나온 여정이 길게 누워있다. 하얗게 태운 우리의 인생길이다.

동행인들과 앞서거니 뒤서거니 오른 정상에서 두루 세상을 만났으니 더 머뭇거리지도, 서두르지도 말고 겸손하게 내려와야 했다. 내려오는 길, 바람 따라 드러눕고 일어서는 억새의 비단결 같은 보료 위에 아픈 발 쭉 뻗고 눕고 싶었다. 안기고 싶었다. 아쉬운 발걸음으로 뒤돌아보니 여전히 억새꽃이 하얀 머리카락 날리며 서 있는 어머니이듯 '어서 가라'고 손을 젓는다. 어머니는 평생 내 곁에 머무는 그림자인가 보다. 바람이 어머니의 손길마냥 내 마음을 어루만지며 스쳐갔다.

어제 있던 것이 없어지고 없던 것이 다시 생기는 생태계의 이 끝없는 순환 속에서 지금 살아있어 이렇게 누릴 수 있음이 얼마나 소중한지 늘 감사할 뿐이다.

비 오는 날 버스 안에서

비가 억수로 퍼붓던 날 아침, 병원 예약 날이라 집을 나섰다. 버스 정류장에 갔을 땐 예닐곱 사람들이 차를 기다리고 있었다. 전광판을 보니 내가 타려는 차는 26분 후에야 도착 예정이다. 하나 둘 떠나고 나하고 한 초등학생만 남았다. 학생은 스마트폰 게임을 하는 중에, 나는 멀거니 빗줄기만 쳐다보다가 가끔 버스가 올 방향으로 길게 목을 빼고 앉아 있다. 마치 회화적인 장면 연출이다.

빗속을 뚫고 달려온 버스는 제대로 설 자리가 없이 만원이었다. 하지만 예약 시간이 촉박해 탈 수밖에 없었다. 올라서지도 못하고 맨 아래 발판에 겨우 섰다. 그 학생은 체구가 작으니 어느새 비집고 들어가 운전수 쪽에 끼어 서 있었다. 다음 정류장에 도착하면 문을 열어야 하는데 그럴 수 없는 상태다. 하면 일단 내가 내리고 다시 타야하는데 쏟아지는 비 때문에 엄두가 나지 않았다. 할 수 없이 입구 안쪽에 서 있는 사람들에게는 여유가 좀 있어 보여 그들을 향해 "조금씩만 더 들어가지요. 올라설 수라도 있게." 말했다. 한 젊은 여인이 마치, '저 할머니 뭐야' 하는 떨떠름한 표정으로 나를 본다. 그 옆 청년은 짜증난 듯 들쳐 멘 가방을 다시 들어 올릴 뿐이다. 요지부동이다. 이럴 땐 운전기사라도 거들어야 하는데 방관적이다. 불편하게 서 있는 나이든 사람 말 대접이 그랬다.

드디어 다음 정거장에 왔다. 먼저 그 초등학생이 잽싸게 내린다. 나대신 비를 맞으며 제일 먼저 그가 내려선 거다. 어리지만 남에 대한 그 아이의 배려심을 보면서 젊은이들보다 나아 교육을 잘 받은 아이구나 생각했다.

아까 차를 기다리면서 그 학생과 몇 마디 말을 나누었다. 등교 한다기에 이 버스 노선은 30분마다 있어서 놓치면 오래 기다릴 텐데 왜 먼 학교에 다니느냐고 했다. 농구선수가 꿈이라서 농구부를 육성하는 학교가 분당 쪽에 있어서란다. 뜻이 분명한 듯하고 어른 말에 대한 대답이 상냥하고 공손했다. 부모 의중이 아닌, 본인 스스로가 좋아서 하는 일이라면 틀림없이 제대로 배워 바른 인격형성을 갖춘 훌륭한 선수가 될 아이 같았다. 비를 맞으면서까지 남을 배려하는 그 마음을 보면.

몇 사람이 내려서 공간에 여유가 생겨 올라설 수 있게 됐다. 둘러보니 거의 출근하는 젊은이들뿐이다. 앞쪽으로 노인석이 네

칸이나 지정되어 있어도 다 그들이 차지하고 앉아 스마트폰을 하거나 자는 듯 눈을 감고 있다. 서 있는 노인에 대한 배려는 아예 눈감아 버린 셈이다. 이상하게 그들에겐 지하철에서 '노인석'은 읽혀져도 버스는 안 읽혀지는 모양이다. 출퇴근으로 늘 피곤에 지쳐있는 애들이니 이해는 하지만 한 사람도 일어서려는 기미는 보이지 않았다. 어려서부터 어른 공경을 귀에 익게 들은 우리 세대로서는 공연히 괘씸한 생각마저 들었다. 그래도 어쩌겠는가, 30분을 불편하게 서서 갔다.

내릴 때 교통카드를 찍으니 '이미 처리 되었습니다' 한다. 차를 탈 때 교통카드도 찍을 수 없는 상황인 나를 보고 기기 옆에 서 있던 한 젊은 여인이, "이리 주세요. 제가 찍어드릴게요." 한다. 그때 찍힌 줄 알았다. 실수로 안 찍힌 것인지, 아니면 그녀가 부당한 대접을 받으며 불편하게 타고 가는 나에 대한 정의로운 배려차원에서 일부러 안 찍은 것인지는 몰라도 아무튼 공짜로 차를 탄 셈이 됐다. 왠지 보상 받은 듯한 느낌이 든 내 심리가 한심스럽기도 했다. 비록 젊은이들이 내가 앉아야 할 자리에 있어도 하루 지치게 일할 자식 같은 그들인데 잠시 못마땅하게 여긴 자신이 옹졸한 건 아닌가 생각도 들었다.

최근에 '청년 경찰'이라는 영화를 관람했다. 단짝인 두 경찰대학 재학생이 우연히 범인들이 여자를 납치하는 현장을 목격한다. 현직 경찰도 아닌 그들이 '정의로운 분노'로 앞뒤 안 가리고 그들을 추적 한다. 경찰학교에서 배운 것을 어설프게나마 최대한 활용하면서 몸을 사리지 않고 용감하게 뛰어들어 위기를 잘 넘기며 해결했지만 윗분들의 질책도 받는다. 재미있는 것은 그들 대화중에, "쓸데없는 것 배운다고 했더니 배운 대로 하니 되네!" 하면서 의기충천해서 마주 손뼉 치며 웃는 장면이다. 요즈음처럼 약삭빠르고 이기적인 세태에 남의 일에 대해, 더구나 불의한 일에도 눈감는 냉담한 현실에서 이런 젊은이들의 코믹하면서도 정의로운 활약상이 마음의 울림을 주었다. 응원해야할 청춘들이 아닌가.

학교에서든, 가정에서든 바르게 배우고 익힌 것을 지혜롭고 과감하게 실천하면 얼마나 행복지수도 올라가고 살기 좋은 나라가 될까도 생각했다. 비 오는 날에 일어난 이 촌극 같은 등장인물로 해서, 한 편의 영화 이야기를 떠올리면서 소소한 경험 또한 가르침의 한 동기가 되겠구나 싶었다.

병원을 나서서 돌아올 때는 비도 그치고 햇볕이 쨍하니 났다. 인생사 음지가 있으면 양지도 있다는 생각을 버스 안에서 했다. 한가해서 노인석에 앉아 편안히 올 수 있었다.

소리, 자연의 소리

이른 아침, 잠결에 어렴풋이 빗소리를 듣는다. 연 이틀간 내린 많은 비로 세차게 흐르는 학의천 물소리인가 했다. 길들여진 세상의 소음에서 불현듯 듣게 되는 이런 자연의 소리는 마음에 묘한 파장을 일으킨다.

새벽녘 바닷가 백사장에서 듣는 파도소리, 산에서 풀벌레와 새소리, 조잘 거리며 흘러가는 시냇물 소리, 방망이 두드리는 소리, 주전자의 물 끓은 소리, 따르는 소리, 냄비에 찌개 끓은 소리는 다 정겹다. 기억 속의 그 소리들은 행복했던 어린 시절에 대한 향수에 젖어서 마음에 파장을 더하여 기분이 좋아진다.

비가 갠 후 날씨가 하도 쾌청해서 산책길에 나선다. 폭우로 뒤집혀진 탁류가 언제였냐 싶게 맑아졌다. 비가 그치고 물이 계속 흘러갔기 때문이리라. 물은 고이면 썩고, 흘러가면 새롭게 맑은 물로 바뀐다. 돌아가는 세상 이치도 그렇다. 한참을 내려다보니 내 안까지도 들여다볼 수 있을 것만 같다. 걷다보면 흐르는 곳의 높낮이와 폭과 장애물에 따라 흘러가는 물소리가 조금씩 달라져서 무료하지 않다. 청둥오리가 거느리는 권속들과 '꽥꽥' 대화하는 소리, 왜가리가 길게 목을 빼고 외롭게 서 있다가 '푸드득' 나는 소리, 둔덕에서 비둘기들이 모이를 쪼며 '구구' 하는 소리는 매번 들어도 좋다.

청계산자락 속으로 들어간다. 산새들의 소리가 세상의 온갖 소음에 시달린 내 귀를 더욱 청량하게 한다. 귀 기울이면 바람결에 나뭇잎들의 수런거리는 소리, 내 발밑에 밟히는 풀들의 비명소리까지도 들릴 것 같이 고요해서 가슴을 울렁이게 한다. 지상에서, 하늘에서 내는 이 모든 소리는 눈을 감고, 마음 가다듬고 들으면 자연의 교향곡이다.

사람은 한참을 마주 앉아도 그 속을 들여다볼 수도, 알 수도 없다. 그러나 자연은 투명하고 정직해서 그 앞에서는 다르다. 자신과도 새로운 만남으로 누구와도, 무엇과도 소통할 수 있을 것 같다. 그래서 익숙한 환경을 벗어나 새로운 환경에서 새 경험을 찾아 여행을 떠난다. 혼자면 어떻고, 동행이면 어떠리. 자연의 소리에 묻혀 위로와 편안을 얻을 수만 있다면, 사람 사이의 교류가 더 원활해지는 계기가 된다면 더더욱 떠날 것이다.

이런 날, 집에 오면 주전자에 물을 끓인다. 물 끓는 소리, 자기(瓷器) 잔에 우린 보이차 따르는 소리가 마음을 훔친다. 이 자연의 소리들로 보다 마음이 정화되고 행복해졌으면 좋겠다. '행복하려 애쓰는데, 행복피로사회로 가고 있다'는 어느 심리학자의 말처럼, 이 복잡하고 인위적인 현실에서 벗어나 보다 자유로워져 마음의 치유를 기대하고 싶어서일 것이다.

속성이 아닌, 숙성을

우리 집 베란다에 작은 장미 화분 하나가 있다. 3주 전부터 네 송이가 시차를 두고 피기 시작했고 지금은 나머지 한 송이가 봉긋하게 올라왔다. 죽어가던 것이 기를 쓰고 일어서서 일냈다. 얼마나 반갑고 기특하던지 아침마다 들여다본다. "애썼다. 피우느라 얼마나 고생했냐." 하며 눈을 맞춘다. 저와 내가 아픔을, 어려움을 이겨낸 합작의 노력이었다. 살아나기 위한 몸부림의 긴 인고와 숙성을 거쳐야했던 오랜 기다림의 끝이었다.

4년 전부터 그 이듬해까지 가냘픈 몸으로 작고 예쁜 꽃을 피워 나에게 기쁨을 주었던 꽃이다. 어찌된 일인지 그 후 2년 동안 줄곧 시들시들 하다가 거의 죽어가는 상태에 이르렀다. 추운 겨울을 지나면서 혹 동해(凍害)를 입은 것이 아니면, 튼실하지 못한 몸으로 2년간 꽃피우느라 에너지를 다 소진해서 숨 고르는 기간인가 하고 기다렸다. 햇빛과 바람이 잘 드는 곳에 두고 늘 신경을 썼다. 어느 날엔 물을 주면서 자세히 보니 아주 작은 거미까지 얕잡아 보고 잎과 줄기 사이로 미세한 거미줄을 치며 조이듯 감고 있었다. 이를 제거하고 장소를 옮겨 거름으로 커피 찌꺼기와 달걀껍질도 놓아주고 물주는 일도 정성을 다했다. 올 여름부터 파란 잎이 나기 시작하면서 활기를 띠자 봉우리가 솟기 시작하고 하루가 다르게 올라오더니 가을 들어서 꽃이 피기 시작한 것이다.

오랜 진통과 숙성 끝에 핀 거라 애잔한 마음에 꽃송이는 비록 작아도 더 기특하고 사랑스러웠다. 햇살 번지는 아침엔 마치 하늘을 향해 두 팔 번쩍 들고 환호하듯, 줄기도 제법 뻗어났다. 아담한 몸매에 초록 잎 위로 겹겹이 지그재그로 싸인 붉은 꽃잎이 여간 귀엽지가 않다. 죽었다고 이내 버렸으면 어쩔 뻔했는지. 속성으로 피기를 성급하게 바라는 마음이 살아있는 것을 그르칠 뻔했다. 어느 노벨평화상 수상자가 한 말이 생각나게 했다. '어려움이란 해결하는데 시간이 좀 걸리는 일이다. 불가능이란 것은 그보다 더 시간이 걸리는 일'이라고 했다. 소생이 불가능해 보였던 장미가 정말로 긴 시간의 인고를 치르고 꽃을 피운 것이다. 햇빛과 바람과 시간, 그리고 내 정성과의 협업이었다. 추위와 더위와 어둠을 견디며 새로운 성숙을 위한 노고였다.

튤립은 땅에 심기 전 50일간 영하 5도로 '고통'을 줘야 구근이 꽃을 품는다고 한다. 저온에 노출시키지 않으면 꽃이 피지 않거나 자라도 비실거리다 죽는다. 추운 겨울을 보낸 봄꽃이나 나무들이 새롭게 아름다운 꽃을 피우듯, 진정한 고난과 시련을 경험하지 않은 사람은 크게 성장하지 않음과도 같다.

우리의 전통 식재료, 된장 간장도 발효와 숙성이라는 변화의 과정을 거친다. 그렇게 발효된 것이라야 음식 조리에 맛을 내고, 몸에도 좋은 건강식품이 된다. 오죽하면 맛이 나면 양심이라 했겠는가. 양심은 최고의 맛을 내기 위한 최선의 노력이 요리하는 사람의 기본이라는 뜻일 게다. 시간과 땀이 담겨있어야 요리의 진수를 맛볼 수가 있기 때문이다. 속성으로 만들어낸 음식엔 진미가 부족하다는 얘기이기도 하다.

사람도 내 안의 잠재된 무언가를 끊임없이 숙성시켜 변화를 꾀한다. 늘 새로운 것을 배우고 경험하고 익히면서다. 사람 사이도 서로 상처를 주고받으면서도 우정과 사랑을 멈추지 않으면 그 모든 걸 이겨낸다. 인생살이에서 고단함과 슬픔도 안으로 품고 웃음으로 녹아내는 그런 발효된 사람이라야 인간미가 있다.

글다운 글을 쓰는 일 또한 일상 속에서 자연스레 건져 올린 문학의 소재들을 여과 시키고 오래 숙성시켜 조선 백자에 담아 놓으려는 심정으로 작업에 임해야 한다. 그래야 그 속에 시와 철학과 자연에 대한 그림들이 은은한 빛깔로 조화롭게 녹아들기 때문이다. 선진 원로들의 유명한 글이 오늘까지 많이 읽혀지고 사랑받고 있는 것도 많은 사유와 고민과 시간을 담아 숙성시켜 완성된 작품이어서 일 것이다.

나는 장미 스스로 생존과 성장을 위해 죽을힘을 다해 기를 쓴 노고에서, 콩에서 된장으로 탄생하기까지의 숙성과 발효를 거쳐 진미를 낸 과정에서도 한수 배운다. 죽을 때까지 배우는 게 인생이라는 어른들의 말씀이 생각난다. 삶다운 삶은 진정 끝없는 배움과 노력과 경험을 통해서 이루어지기 때문일 것이다.

나, 스스로에게 묻는다. 한 편, 한 편의 작품을 완성하는데 과연 얼마만큼의 사유와 고뇌와 숙성의 시간을 담았는지를. 속성이 아닌, 숙성의 과정을 얼마나 거쳤는지를 곰곰이 생각해 본다. 그럴 땐 무거운 짐 들고 벌 서는 기분이 들 때도 있다.

식사하셨어요

가까이 사는 막내시동생이 자주 안부전화를 한다. 오늘도 첫 마디가, "식사 하셨어요?"다. 주로 퇴근 후 저녁에 전화하기 때문이다. "아직" 하면, "왜 이제까지 안 드셨어요?"다. 늘 혼자 먹는 밥이 맛없다고 하니까 염려해서 하는 말이다. 늘 듣는 말일지라도 정겹다.

아마도 '식사하셨어요?' 이 말처럼 우리의 마음을 열게 하는 일도 드물 것이다. 오랫동안 우리네 정서와 통하는 이 같은 인사 또한 없을 것이다. 옛날 50년대나 60년대 초만 해도 어른들을 만나거나 이웃 간에도 먼저 주인사가 '진지 잡수셨어요?'였다. 어려웠던 시절이라 굶지 않고 사는 일이 여간 큰일이 아니었던 게다. 그러나 지금은 크게 부족함이 없이 먹고 살기 좋은 세상에 살고 있다. 하지만 없어서가 아니라 아직도 먹는 인사치레가 우리 사이 마음을 트게 하고 정겹게 한다.

최근 '최순실 국정 농단 사건' 청문회에서 모 국회의원이 증인석에 앉은 전직 고위공무원에게 시작 전에 한 말이 "식사는 하셨어요?"였다. 뻣뻣하게 모르쇠로 일관하던 사람이 태도가 흔들렸다는 것은 마음이 흔들렸을 거라는 얘기다. 정곡을 찌르게 할 수도 있는, 그 국회의원의 노련한 화법이 항간에 회자되고 있다. 마음을 움직이게 하는 심리전이 식사 이야기에서부터라면 우리의 정서가 어떠한지 알 수가 있다. 나도 먹고 사는 데는 별 지장 없지만 친구나 지인이 '같이 식사하지요' 하면 그 어떤 선물만큼이나 기쁘다. 식욕도 충족 시켜주지만 대화하며 함께하는 시간이 즐거워서일 것이다. 그래서 흔히 친한 사이를 말할 때, '우리가 같이 먹은 밥그릇 수가 얼만데요' 한다. 옛말도 '정(情)은 밥상머리에서 난다'고 하지 않던가.

경제가 어렵다고 해도 노숙자나 소외된 이웃에게 따뜻한 밥 한 그릇을 대접하는 선한 사람들의 손길이 많아졌다. 많이 가져서가 아니어도 사랑으로 봉사하는, 마음 따뜻한 사람들이다. 그래서일까. 화면에 비친 그분들의 얼굴이 환하고 즐거워 보인다. 행복을 나누어주는 이들이라 그렇다. 그런 분이 있어 세상은 삭막하지 않고 살만한지도 모른다. 막 지은 훈훈한 김이 서리는 밥과 국을 퍼주는 모습이나, 맛있게 먹는 것을 보면 보는 사람도 흐뭇하다. 생리적으로 밥은 생명을 살리는 보약이고, 그런 먹여주는 보시(普施)는 큰 공덕이라 하지 않던가.

얼마 전에 TV에서 방랑 식객의 '식사하셨어요' 프로를 시청한 바 있다. 나이 지긋한 요리사가 어떤 TV 탤런트와 같이 100그릇의 소머리국밥과 두어 가지 반찬을 맛있게 만든다. 이것들을 차에 싣고 곳곳에 사람을 찾아다니며 대접한다. 시장에서 추위에 떨며 장사하는 할머니들과 이웃에게, 학업 때문에 타지에서 제대로 챙겨먹지 못하는 학생들에게 "식사하셨어요?" 하며 다가가 따뜻한 국밥을 대접한다. 맛있게 먹는 그들을 흐뭇한 모습으로 바라보기도 하고, 때로는 옆에서 말동무도 되어준다. 그들이 진정 가치 있고 행복하게 사는 사람들이라는 생각을 했다. 3년간 1,100가지의 음식 준비를 해서 1,606명분의 식사를 나누었다고 한다. 그 방랑 식객은 함께 봉사해준 분들과 봉사가 다 끝난 후의 뒤풀이 모임에서 "더 많이 나눌 수 없어서 아쉽고 오늘 최선을 다하지 않으면 내일이 없다."는 생각에서 이 일을 했다고 말했다. 줄 수만 있으면 더 주고 싶은 마음일 것이다.

머리가 하얗게 되어 가는 나이든 이분의 말을 들으면서 난 언젠가 내가 쓴 시 「고목」이 생각났다.

팔다리 떼어주고
살점 떼어내고
뼈마디 허물고
양분 다 내어주고
허리는 접은 채

허연 구멍 드러내며
하늘로 발을 향해
벌렁 드러누웠다.

우리 부모님의 사랑이 그랬다. 이런 분 또한 그런 사랑이 없으면 할 수 없는 일, 잔잔한 감동이 밀려왔었다.

추운 계절이라선지 어린 시절 귀에 익게 들은 '진지 잡수셨어요?'와 그리고 지금도 흔히 듣는 '식사하셨어요?' 하는 말이 새삼 마음을 훈훈하게 데워주는, 그러면서 정겨운 소리로 들리는 날이다.

정한(情恨)

예술가들의 내면세계는 보통 작품을 통해서 형상화된다고 본다. 예술작품으로 승화시킨 그들의 고독과 외로움의 밑바닥엔 정(情)과 한(恨)이 깔려있다. 다른 말로 표현하면 불행한 삶이다. 진흙 밭에서 연꽃을 피워내듯, 그 속에서 불후의 작품이 나온다는 얘기다. 그러나 신화가 되는 것은 삶 자체가 아니라 그의 고독한 삶을 통해서 피어난 예술일 것이다. 국립 현대미술관에서 전시되었던 '이중섭, 백년의 신화'를 관람했다. 이 예술가의 작품이 말해주는 그의 이야기다.

이 화가와 그 작품에 대해서는 익히 듣고 보고했지만 새롭게 조명된 그의 생애와 작품에서 많은 것을 느꼈다. 전쟁, 가난, 이별, 그리움 그리고 기다림 속에서 비롯된, 정과 한의 작품이라 해도 과언은 아닐 것이다. 그는 그토록 막막한 현실과 부딪치면서도 가족에 대한 그리움과 외로움을 그림으로 승화시켜 불후의 작품을 남겼다. 어려웠던 현실을 넘어 예술가로서의 꿈을 실현시켰다. 대부분의 예술가들이 그렇듯이. 전시회를 보고 난 후 인간적인 생각에서 정이 무엇이기에, 한이 어떠하기에 외로움과 그리움 속에서 애만 태우다 불행하게 홀로 모진 생을 마감했을까. 마음에 진한 감동을 주는 한 권의 소설책을 읽은 것처럼 가슴이 먹먹했다.

전쟁 중 가난했지만 부산, 제주도에서 피난 생활하던 때가 그나마 그에겐 가장 행복했다고 한다. 가족과 함께했기 때문이다. 그는 제주도 생활에서 종이가 없던 가난한 때라 양담배를 쌌던 은박지에 그만의 새로운 기법인, '은지화'로 가족들의 모습을 그렸다. 종이에 입혀진 은박을 새기거나 긁힌 부분에만 물감 자국이 남게 해서 패인 선으로 이루어진 일종의 드로잉이다. 거기에 가족들의 모습을 추억했다. 그의 꿈을 새겼다. '바닷가의 아이들', '두 아이', '봄의 아동'등이 바로 그 그림이다. '세 사람', '가족을 그리는 화가' 등에서는 가족애에 대한 그의 애틋함마저 느낄 수 있다. 그중에 바닷가 자연 속에서 아이들과 단란했던 때를 그린 은지화 '바닷가의 아이들'은 그 특이한 화법에서 뿐만 아니라 아이들과 어른, 바다와 물고기와 게들의 어울림이 순수성을 넘어 평화롭게 느껴져 인상적이었다.

가족과 생이별하고 서울, 통영, 대구 등지를 전전할 때는 열악한 환경 속에서도 기다림의 희망을 안고 그나마 가장 안정적인 상태에서 그런대로 작품 활동을 활발히 했다고 한다. 그때에 유명한 '소' 연작 그림을 그렸고 '닭과 가족', '길 떠나는 가족', '벚꽃 위의 새' 등이 있다. 그때 그린 '벚꽃 위의 새'는 격동의 시대 한가운데 살았지만 마음 한편으로 평화와 안정이 가득했던 순간을 표현한 듯하다. 그의 작품 중에서 인상 깊은 유화 작품으로 서정적이고 밝고 평온한 색감의 작품이다. 보는 이로 하여금 마음을 잔잔하고 따뜻하게 해준다.

그는 인간적인 정만으로서가 아니라 식민지, 전쟁, 분단 등으로 얼룩진 한국의 근대사를 살면서 시대적 어려운 상황에서도 끈질기게 예술가로서의 정직한 삶을 고집했다. 그림 앞에 발걸음을 멈추게 하는 바로 '황소' 작품에서다. 일제 강점기에 우리 민족의 강인함을 보았다. 소의 활기찬 발걸음이며 근육질의 골격이 마치 당차게 달려가는 우리 민족의 기상을 포효하는 듯했다. 우직하고 힘세게 보이는 모습과는 달리 순해 보이는 눈망울은 한없이 정을 담뿍 담은 순수함을 엿보게 한다. 어쩌면 우리 아버지들의 꿋꿋한 모습과 정, 순수함을 느끼게 하고, 그 뿌리는 우리 민족의 타고난 정서에서 비롯되었을 것이다.

일본에 거주한 가족을 만나러 가기 위해 열심히 그림을 그리며 돈을 모았으나 한일 국교 단절로 번번이 실패했다. 결국 그는 절망 속에서 거식증으로 인한 영양실조와 정신적 질환으로 불행한 말년을 보내다가 만 40세의 나이로 생을 마감했다. 세상 떠나기 전, 말년에 병원을 전전하던 때 그린 그림 '돌아오지 않는 강' 연작 앞에서는 그의 절망감과 외로움이 절절히 전해졌다. 그 그림은 소년이 지친 표정으로 창문에 기대 물끄러미 창밖을 내다본다. 집 뒤로 머리에 광주리를 이고 돌아오는 어머니가 보인다. 그 모습은 관객만 볼 수 있을 뿐 소년은 하염없이 어머니를 기다린다. 생의 끝자락에 북에 남겨두고 온 어머니를 향한 그리움이 짙게 배어 보는 이로 하여금 애잔함을 느끼게 한다.

어느 미술 사학자는 '예술은 그 자체로 감동을 주기도 하나 우리 사회를 반추해 볼 수 있는 창'이라고 했다. 그의 예술가로서의 삶, 그가 살던 시대적 비극이 그의 작품에 고스란히 배어 우리들이 알고 경험한 삶을 새삼 들여다보게 하는 감동을 주고 있다. 지난 시대를 반추케 하는 계기이기도 했다.

어쨌든 가까이서 본 작품들을 통해 그의 삶을 들여다보았다. 관람객이 10만 명이 넘고 그중 가족 관람객이 30퍼센트로 유난히 높다고 한다. 블록버스터 전시를 가늠하는 수준이란다. 끊임없이 줄을 잇는 많은 관람객들이 그의 인생과 작품들을 보고 열광하는 까닭은 무엇일까. 어쩌면 우리네 삶과 크게 다를 바 없는, 나의 이야기일 수도, 네 이야기가 될 수도 있기 때문은 아닐는지. 정과 한이 서린 한 예술가의 꿈을 향한 치열한 삶의 열기와 그 혼이 훅 내 가슴을 뜨겁게 훑고 지나갔다.

옥수수

친지가 옥수수를 보내왔다. 몇 겹의 껍질을 벗겨내니 마지막 껍질 사이로 살짝 드러낸 모습이 눈을 호사시킨다. 마치 늘씬한 아가씨가 고른 이를 드러내며 웃는 모습을 훔쳐본 느낌이랄까. 토막 낸 단면만 봐도 잇몸에 박힌 고른 이처럼 보인다. 맛도 달콤하고 구수하다. 내겐 이 옥수수에 대한 추억이 서려있다.

6·25한국전쟁 때 내가 살던 곳은 면소재지로 우체국과 지서가 있던 곳이 폭격을 맞았다. 우리 집이 그 근처라서 놀란 나머지 더 시골인 외갓집으로 피난을 갔다. 그 집 울안에 두 그루의 감나무와 담 둘레로 돌아가며 옥수수와 단수수가 심겨져 있었다. 넓은 마당 한 쪽 텃밭엔 채소가 자라고 고추, 가지, 토마토가 주렁주렁 열렸다. 사촌들과 심심찮게 여름나기엔 좋았던 것 같다.

그러나 7남매를 둔 외삼촌댁의 대식구에 우리 식구까지 더하니 여러 가지로 어려웠다. 그간 외삼촌이 늘 우리 집 신세를 지고 살았기에 군소리 없이 같이 지낼 수야 있었지만 누구나 어려운 시절이라 먹을거리가 장난이 아니었다. 거의 꽁보리밥을 먹는 때라 쉽게 배고팠던지 그때의 옥수수 맛을 잊을 수가 없다. 한 바구니 쪄서 내오면 그리 풍성하고 먹음직스러워 곧 손이 간다. 철없던 때라 사촌들과 경쟁하다시피 하며 먹어서였을까. 그 이후로 옥수수 하면 그때가 떠올라 내게는 항상 특미다.

우리 조상들은 처음에는 마지못해 먹는 작물로 하찮게 여겼을 것 같다. 물론 형편이 어려운 때의 척박한 지역에서는 식량이었겠지만 그러나 지금은 여름의 대표적 간식으로, 사람에 따라 기호식품으로, 또한 건강식품으로 각광을 받고 있다. 음식문화가 발달된 요즈음 너도나도 요리사들의 음식 만들기 프로그램이 인기를 얻고 있다. 어떻게 요리해서 미각을 살리고, 영양 손실 없이 섭취하는가에 관심이 쏠리고 있다. 경제 성장에 따른 미식가들의 행보가 그만큼 다양해졌다는 얘기다. 그중 옥수수도 예외는 아니다

우리는 대부분 나 자신의 잣대를 기준으로 세상을 바라본다. 먹을거리 또한 그렇다. 내게 익숙한 음식은 맛있게 먹고 내가 먹어보지 않은, 남이 먹는 음식은 별로 좋아하지 않는다. 어렸을 적부터 어머니가 해준 음식을 선호하듯이. 그러나 그랬던 음식도 어떤 계기에 의해서 새롭게 그 맛을 알게 되면 좋아한다.

지금은 옥수수를 대부분 즐기는 편이지만 시대와 지역, 사람들의 기호에 따라 대접받지 못한 때가 있음은 그 때문일 것이다.

글이나 시에서도 말미나 끝연에 가서 익숙하게 길들여진 것에 벗어나 낯설기를 하면 오히려 역으로의 사고를 이끌어내어 그 뜻이 신선하고 돋보이게 한다. 매사에 낡고 고착화된 사고에서 벗어나 새로운 경험을 통해 변화를 기대해 봄직도 하다. 마치 피난가기 전 까지만 해도 그 맛을 몰랐던 옥수수 맛이 그와 같다.

기다란 잎 사이로 뿔처럼 생긴 모양에 수염을 단 옥수수, 그 속에서 알알이 구슬 같은 열매가 익어가던 그때 그 여름날의 옥수수를 추억한다. 지금도 몸에 좋은 성분을 고루 갖춘 고마운 맛, 그때의 입맛을 잊지 않으며 선호하고 있다.

보내준 친지의 마음 쓰임이 고맙다. 감사하다는 인사를 서둘러야 할 것 같다.

긴 날숨으로, 좀 느리게

급한 내 성격 때문에 일을 낼 때가 많다.

금년 초 한 겨울에 큰 부상을 당했다. 급하게 뛰어가다가 발부리에 뭔가 걸려서 세게 넘어졌다. 고관절이 부러져 인공 관절을 넣는 큰 수술을 해야 했다. 평소에도 조급한 성격으로 실수하고 황당해 하며 대인관계에서도 손해 보는 일이 많았는데 드디어 이번엔 더 야무지게 당한 샘이다.

수술에, 재활치료에 4개월 동안 고생을 많이 했다. 이젠 걸을 수 있고 외출해서 볼일 보기도 하지만 전과 같지는 못하다. 그래도 다른 사람에 비하면 엄청 회복이 빠른 편인 것은 서두르지 않고 꾸준하게 재활 치료를 열심히 받은 덕분이다. 병상 생활 내내 자신을 다독이며 '이젠 급한 성격 내려놓고 긴 날숨으로 천천히, 좀 느리게 살자'며 수십 번도 더 내게 최면을 걸었다.

일에 있어서도 얼핏 보기엔 빠르게 서둘러 일하는 것이 성과가 더 있을 것 같아도 결과는 문제가 생겨 더 복잡해지고 낭패를 보는 경우가 더러 있다. 한편 겉으로 보기엔 느긋한 성격이 답답하게 보이고 일을 처리 하는데 시간은 걸려도 실수가 적고 차질 없이 일을 해낸다. 그 비슷한 예로 이솝 이야기에 나오는 '거북이와 토끼' 우화도 그냥 웃어넘길 일이 아닌, 우리의 생각과 삶의 태도를 일깨워주는 지혜와 명철이 들어있다.

'늦게 잡고 되게 친다'는 속담이 있다. 해야 할 일을 미리미리 하지 않고 이것저것 딴청을 부리거나 꾸물거리다가 시간이 다 치면 급하게 서둘러서 하는 형을 이르는 말이다. 내가 바로 그런 편이었다. 거기에다 남보다 잘 해내야 한다는 강박관념까지 발동하면 더 허둥대며 다그치는 바람에 성격 급한 사람이 흔히 받는 스트레스가 이만저만이 아니다. 늘 그렇지만은 않지만 대부분 조급하게 굴다 보면 일의 효율성마저 떨어져 자신을 한심스럽게 만드는 경우를 경험 한다.

한 번은 집에서 딴 짓을 하다가 시간을 보곤 약속시간에 맞춰 가야할 시간이 너무 촉박함을 알았다. 조급한 성격에 얼마나 급히 서둘렀던지 엘리베이터 안 거울에 웃옷을 뒤집어 입은 내가 보였다. 거울을 봤으니 망정이지 안 봤더라면 남우세할 뻔했다. 다시 들어가서 제대로 옷을 입고 나오자니 결국 시간만 지체되고 늦어서 민망했던 일이 있었다. 어느 땐 안경을 안 쓰고 나오기도 하고, 핸드폰과 실버카드까지 놓고 나오는 날엔 불편함에 맨붕 상태까지 간 일도 있었다. 이 모두가 급히 서두르는 것도 문제지만 딱 당해서야 하는 성격 때문이다.

몇 년 전에 이런 조급한 성격을 다스리고 굳어진 몸도 유연하게 할 겸 요가수련을 한 적이 있다. 동네 주민센터에서 주관하는 프로그램으로 일주일에 두 번, 반년 동안 다녔다. 조용한 음악이 잔잔하게 흐르는 동안 한 시간 남짓 기본 동작에 호흡 조절과 함께 천천히 하나하나의 동작이 몸으로 하는 명상이다. 먼저 몸을 깨우고 마음을 다스리는 수련이라고 할 수 있다. 최초의 요가는 바르게 앉아서 명상을 위주로 하던 요가가 시대적 선호도와 필요성에 따라 지금은 생활 체조 형식으로 변해왔다고 한다.

요가 도중 선생님이 점차 어려운 동작이 끝날 때 음악을 멈추게 하면 모두 바닥에 팔자(八字)로 누워 5분 정도 쉬게 한다. 편한 자세로 깊게 숨을 들어 마신 뒤, 긴 날숨으로 심신을 가라앉히며 내안의 긴장과 걱정 조급함을 다 흘러 보낸다. 그러고 나면 차츰 느긋한 성격에 서두르지 않은 편안한 사람으로 변해가는 것 같은 느낌이 들었다.

세계적인 불교 지도자 틱낫한 스님은, '미소 짓고 숨 쉬며 느리게 가라'고 말했다. 간혹 그 분의 걷기 명상을 떠올리며 내가 살고 있는 이곳 학의천 산책길을 걸을 때가 있다. 운동이라기보다는 걸으면서 명상하거나 기도하는 심정으로 걷는다. 얼굴에 가벼운 미소를 띠우되 가슴은 펴고 마음을 발끝에 집중하면서 느리게 한 걸음 한 걸음 내딛는다. 자유로운 영혼처럼 앞을 보면서. 특히 다친 이후로는 더욱 그랬다.

걸음은 목적지에 도달하기 위한 수단일 뿐이다. 하지만 걸으면서 명상을 통해 내안에 걱정과 불안, 조급한 마음과 헛된 생각에 마음 뺏기지 않고 느리게 들숨 날숨의 호흡을 조정하며 걷는 게 중요하다. 매사에 그렇듯 걸음도 일도 온전히 집중 하는 자세에서 비롯된다고 하겠다. 경험적으로 말하면 무언가에 쫓기듯 서두르면 실수하고 넘어지기 십상이다.

외출을 할 때면 이젠 불편한 다리를 의식해서, 또 무슨 일을 할라치면 늘 스스로에게 이른다. 최면을 건다. 호흡을 가다듬고 긴 날숨으로 '천천히, 좀 느리게 가자, 찬찬히 하자' 한다.

그럴 땐 어디선가 논밭을 가는 소의 워낭소리와 함께 '워워' 하는 여유로운 소리가 친근하게 귓전을 맴도는 듯하다. 남은 생, 이렇게 좀 느리게, 찬찬히 살고 싶다.

4.

인생을 노래하다

인생을 노래하다

운율이나 가락에 맞추어 가사를 붙여 부르는 노래가 없었으면 우리 삶이 얼마나 삭막했을까. 사랑과 삶의 고백으로, 어느 땐 낭만객의 시(詩)로 인생을 노래하기 때문이다. 노래야말로 인류의 삶이 시작된 이래 수천 년에 걸쳐서 종족과 환경과 계층에 상관없이 즐기며 우리 삶과 함께해 왔다. 사랑의 상처, 고달프고 시린 아픈 마음도, 절망으로 인한 낙심까지도 달래주고 채워주는 위로이고 보상이었다.

TV에서 내가 즐겨 듣는 음악 관련 프로그램 중에 '불후의 명곡'과 '복면 가왕', '더 콘서트'가 있다. 무대 위에서 가수들이 부르는 노래에 '몸은 가장 훌륭한 악기'라는 말을 실감케 해준다. 온몸으로 노래하는 그들의 절절한 표현이 때로는 눈물을 글썽이게도 하고, 발랄한 춤을 곁들인 노래는 근심 따위 구름이 바람에 스러지듯 해 즐거움을 선사한다. 세파에 시달린 메마른 우리 정서에 감성을 자극하며 잠시나마 마음을 달래준다.

'불후의 명곡'은 가요계의 전설을 모시고 그 시절 많이 불린 전설을 노래한다. 우리나라의 실력 있는 보컬리스트들이 자신만의 느낌으로 새롭게 재해석, 편곡해서 경합을 펼친다. 때로는 노래뿐만이 아닌, 퍼포먼스까지 곁들여 흥을 더 해준다. 진행자의 재치 있는 진행도 그렇고, 무대 뒤에서 MC가 대기 중인 출연자들과 펼치는 토크쇼도 웃음을 자아내어 긴장을 풀게 한다. 분망한 일상에서 잠시 벗어나 소파에 몸을 묻는다. 석양으로 곱게 물들인 하늘이 점차 어둠 속으로 몸을 감추려는 시간대라 하루 끝자락에 얻는 쉼이고 힐링이다.

'복면 가왕' 또한 가수들이 마스크를 쓰고 정체를 공개하지 않은 채 무대에서 노래 실력을 뽐내는 다양한 음악 쇼다. 평가단이 복면을 쓰고 노래하는 가수가 누구인지 소리와 제스처 등으로 알아내려는 과정도 흥미롭다.

불후의 명곡에서는 트로트면 트로트, 발라드면 발라드, 거기에다 열광적인 댄스, 또는 재즈곡, '로큰 로울' 여러 장르가 불리어지지만 주로 발라드풍이다. 붉은 노을 속에 잔잔하게 물결치는 호숫가를 걷는 듯, 가슴 적시는 감성에 빠지게 한다. 대부분 가사와 곡의 완벽한 조화로 사랑에 대한 애틋한 고백과 고달픈 인생을 노래하는 호소력이 있어 가슴 찡하게 한다. 지친 영혼에 대한 달램이기도 하다.

'더 콘서트'는 늦은 밤에 진행되는 프로다. 대중가요뿐만 아니라 가곡, 클래식 음악도 연주된다. 오페라, 재즈, 악기 연주 등 장르가 여러 가지라 다양하게 감상할 수 있어 좋다. 간혹 팝페라 가수의 매끄럽고 수려한 음색의 가곡은 천상을 넘나드는 듯한 환희를 느끼게 한다. 현악기의 섬세하고 신묘한 선율은 세파에 거칠어진 마음을 비단결을 훑고 지나가는 바람이듯, 부드럽게 감싸준다.

요즈음은 음악이 우리 삶에서 일상화가 되어 가는 추세다. 공원이나 길거리에서 음악을 사랑하는 사람들의 공연이 잦아졌다. 또한 전통시장이나 지하철 근처에서 성악 전공자들이 재능기부를 하는 것도 눈에 띈다. 무료로 시민들을 즐겁게 해줄 뿐만 아니라 전통 시장을 활성화 시키는 의미에서란다. TV에서 봤다. 이들이 어느 정육점에서 '후니쿨니 후니쿨라' 같은 나폴리 민요를 신나게 부르는 장면을 보았다. 시민들도 출연자와 함께 따라 부름으로써 시대의 우울을 명쾌하게 한 방에 날리는 듯한 분위기였다. '후니쿨니 후니쿨라'는 노동자들의 '영차, 영차' 하는 의미가 담겨있고 나폴리 방언으로는 '가자, 가자'라는 뜻의 활기찬 노래여서 더욱 그랬을 것이다.

우리 동네에서도 가끔 여름, 봄가을로 저녁나절 산책길에 나서면 만나는 작은 콘서트가 있다. 악기를 다룰 줄 아는 사람들과 노래를 사랑하는 사람들이 뜻을 모아 결성된 팀이다. 이처럼 노래가 일상화되어 서민들의 아픈 현실을 대변해줄 뿐만 아니라 긍정적이고 희망적인 것으로 바뀌게 하는 활력소가 된다면 얼마나 바람직한 일인가.

나는 집에서 혼자 흥얼거리기를 좋아한다. 나 스스로에게 즐거움과 위로의 최면을 건다. 찬송가도 좋고, 가곡도 좋고, 대중가요도 좋다. 기쁨이 충일하다. 감사와 기쁨으로 이 나이에 이르도록 교회에서 창조주 하나님의 크고 놀라운 은혜를 찬양하는 찬양대원으로 지금도 헌신하고 있다. 절망을 소망으로, 슬픔도 기쁨이 되게 하고 마음의 상처도 치유케 하는 은혜의 샘이다. 어느 날 클래식 중에서, 일출 때에 베토벤의 장엄한 교향곡 5번 '운명' 제1악장을, 일몰시에는 슈만의 교향곡 '봄의 해질녘'을 들을 때가 있다. 마음 깊은 곳에 숨겨진 고백을 토하듯 하고 어느새 아름다운 산천을 달리며 정화되어가는 명쾌함도 느낀다. 뿐인가, 신의 손길에 대한 외경, 인생에 대한 열정마저 솟게 한다.

이제 노래는 우리 인생에서 뗄 수 없는 삶의 일부가 됐다. 사랑과 삶의 고뇌에 대한 고백이고 위로고 치유다. 살아있는 의미를 더 선명하게 해준다.

내 사후, 장례식에서 장송곡도 미리 자녀들에게 유언으로 정해 주련다. 기왕이면 죽음도 천국으로 인도하는 축복이므로 명쾌한 곡을 고르리라.

그 섬, 그 사람 · 2

네 곁에 오래 머물고 싶어
안경을 두고 왔다
나직한 목소리로
늙은 시인의 사랑얘기 들려주고 싶어
쥐 오줌 얼룩진 절판 시집을 두고 왔다
- 중략 -
떠나야한다는 걸 알면서도
그날을 몰라
거기
나를 두고 왔다

- 손 세실리아, 「섬」

그 시인의 시를 읽는다. 섬을 떠나 뭍으로 돌아가야 할 사람이 이것저것을 두고 떠나온다. 사랑하는 이를 바라보던 안경의 애틋한 시선을 두고 왔고, 얼룩진, 오래된 시집 속의 말들을 두고 왔다. 떠난 사람도, 홀로 남은 사람도 섬이 되게 하는 섬. 그러나 다시 올지도 모를 예상을 하며 거기에 시인 자신을 두고 온다. 내가 그랬다.

우이도, 그 섬을 생각한다.

4년 전에 갔던 그 섬이 좋아서 그 시인처럼 거기에 나를 두고 왔다. 다시 찾아오리라 하고. 마치 꿈결 속에 있었던 일처럼 늘 머릿속에서 떠나지 않았다. 고운 파도 무늬의 모래밭을 맨발로 걸으며 시를 읊고 메모지에 섬을 그리던 섬 시인, 해조음에 취하고 석양에 곱게 물든 수평선의 빛 잔치에 환호하던 일행들, 파도소리만이 말을 건네는 물밑처럼 조용한 섬마을의 정취, 시낭송에 바다가 귀를 기울이고, 사구로 몰려가는 세찬 모래바람에 외로운 등대처럼 내가 서 있던 곳, 가는 곳마다 해와 달이 우리를 따라 나섰던 그 섬을 늘 생각해 왔다.

언젠가는 두고 온 나를 다시 찾으러 가야지 벼르다가 두 번째로 달려갔다. 우리 일행은 새벽에 출발한 기차를 타고, 다시 목포부두에서 우이도행 배를 탔다. 7시간에 걸쳐 돈목항에 도착할 무렵엔 아직 석양이 남아있는, 해지기 전이었다. 변함없이 돈목 해변과 성산해수욕장이 거기 있었다. 얼마나 오고 싶었던 곳이던가. 바다가 환호하고 사구(砂丘)에 누워있는 순비기와 통보리사초가 일어서며 반긴다. 주위의 작은 섬들과 산들도 달려와 안긴다. 하루의 끝자락에서 붉게 물들어가는 석양의 남은 빛 잔치가 그나마 아쉽게 지나가려는, 이곳에서 단 이틀 중의 하루를 재회의 기쁨에 가슴이 벅찼다.

민박집 아주머니가 해주는 밥은 특별하다. 바다에 나가 잡은 고기를 해풍에 말려 바로 요리한 생선이라 싱싱해서 더 맛있다. 바다 냄새가 난다. 갓 뜯어온 해초와 텃밭에서 가꾼 채소로 준비한 식사는 끼니마다 먹는 재미에 빠지게 한다. 여행이란 먹는 재미 또한 얼마나 크던가. 어느 날은 새벽에 달구경 나온 조개를 놓치지 않고 주워다가 밥상에 올린다.

새벽에 마실 나와 달빛과 노느라 찬 이슬을 머금은 조개는 새벽달 지는 모습을 보려고 잠을 설친 노시인을 닮은 시객(詩客)인가 보다. 잠에 취해 달과 별 구경을 놓친 나와 룸메이트는 다음 날 벼르며 새벽에 일어났다. 그러나 구름에 가려 달빛도 별빛도 보지 못해 너무 아쉬워서 기회란 항상 있는 게 아니란 것을 새삼 깨달았다.

다음 날 노시인이 폐촌에 가보자며 앞장선다. 돈목은 우이도리 2구이고, 1구인 진리로 가는 도중에 위치한 대초리 마을을 가기 위해서다. 어떻게 가느냐는 말에 민박집 아주머니는 '오른편 위쪽으로 쭉 서 있는 전봇대만 따라 올라가면 나온다'고 한다. 우린 웃었다. 이곳은 세상지도가 필요 없는 발품 경험으로 통하나 보다. 세상의 앞서가는 지식이 크게 필요 없는 곳처럼.

복잡하지 않고 그냥 경험만으로 편하게 사는 세상, 얼마나 평면적인 삶인지, 머리를 굴리며 복잡하게 사는 도회지 사람에게는 부럽기까지 했다.

숨이 턱에 차오르는 높은 산중턱을 넘어 선다. 내려가는 길에 흔적만 남은 마을 터가 보인다. 공동 우물은 뚜껑이 닫혀있는지 오래고 폭삭 주저앉은 기와집 한 채만 남아있다. 건너편 큰 팽나무는 가지 하나가, 폐가에 마음 상했는지 앓다가 부러진 채 늙은 몸으로 초라하게 서 있다. 주인을 잃은 대나무와 잡초만 무성하다. 그러나 금방 사람들의 말소리가 들려올 것만 같다. 원래 7가구 사람들이 소를 키우며 살았는데 소값 폭락으로 생계유지가 어려워서 이곳을 떠났다고 한다. 깨진 그릇이며 짝 잃은 신발이 뒹굴고 있는 이곳, 사람이 떠난 폐촌은 죽은 듯 암울하다. 살아있는 사람들의 훈김이 삶의 터전을 얼마나 생생하고 윤택하게 가꾸며 살게 하는지. 집을 짓고 텃밭을 가꾸며 열심히 살았을 그들은 어디로 갔을까. 괜스레 이를 바라보는 내 마음에 찬바람이 인다.

돌아오는 길에 노시인이 은밀하게 숨겨놓았다는 해수욕장으로 발걸음을 옮긴다. 아무도 보는 이 없는, 눈에 잘 띄지도 않은 곳이다. 그러나 맨몸으로 풍덩 바다에 빠지고 싶어도 저 멀리 떠있는 섬과 수평선이 호기심 어린 눈초리로 빤히 보고 있다. 온 김에 나도 나만의 작은 해수욕장 하나를 찾는다. 아주 작은 해변 주위로 소나무가 둘러있고 잔잔한 파도가 하얀 모래를 연신 훑고 있다. 여기도 훔쳐보는 섬은 보인다. 돈으로 거래가 안 되는, 유산으로 남길 수도 없는, 나만의 기쁨이 있는 공간에서 며칠이고 자연을 시절 삼고 벗 삼아 지내면 얼마나 좋을까.

밝은 달빛이 마을 구석구석의 어두움을 밝히고 주위에 떠있는 섬들이 등대처럼 마을을 지키고 있었다. 바람소리만이 인기척을 하며 뒤척이는 밤, 섬 시인의 시 낭송과 문학 이야기에 시간가는 줄 모르는데 어느새 달은 중천에 떠올랐다. 이젠 이곳에 두고 갔던 나를 주섬주섬 챙기며 길 떠날 채비를 해야 했다.

그러나 버리고 떠난 폐촌 사람들처럼 상처만 남기는 떠남은 물론 아니다. 서두의 시인처럼 남은 사람을 섬이 되게 하지도 않을 터. 다시 올 자신이 없는 세월 속의 내 나이다. 허지만 언젠가는 민박집 아주머니 밥상이 그립고 아쉽게 못 본 새벽달과 놀러 나오는 조개 생각이 나거나, 나만의 해수욕장에서 석양의 빛 잔치와 해조음에 취하다 한 번 풍덩 빠지고 싶으면 다시 찾을 수도 있으리.

은연중 만나는 이름 없는 스승들

여름 끝자락에 가을이 성큼 다가왔다. 오늘도 선선한 초가을 바람에 걷는 학의천 산책길이 즐겁다. 오랜만에 만나서 눈맞춤하며 다정하게 이야기를 나누는 친구 같은 이들이 많기 때문이다.

산책로 주변엔 보랏빛 들국화가 만발이다. 질세라 미니 나팔꽃들이 기를 쓰고 올라가 둔덕을 메웠다. 그 악착스러운 생명력이 안쓰럽기까지 하다. 철없이 핀 금계국도 보이고 간간이 하얀 구절초꽃무리도 보인다. 둥근유홍초의 앙증맞은 주홍색 꽃이 잡초와 가을꽃 사이에서 귀엽게 얼굴을 내밀고 있다. 가지각색의 이름 모를 풀꽃들도 작은 꽃망울로 제 영토를 넓혀가며 소담하게 무리지어 피어있다. 비록 작고 화려하지는 않아도, 미모를 과시하듯 핀 우람한 꽃보다 소박해서 오히려 은근하게 위로를 받는다. 그 생명력에 힘을 받는다

그것들은 나지막한 자리에서 낯가림을 하지 않고, 까탈도 부

리지 않고, 아무 곳에나 어떤 꽃과도 어울려 잘 핀다. 너무 소탈하고 겸손해 보여서 "애야, 너 내가 좋아하는 친구를 닮았어." 라고 말을 건네 본다. 마치 인격이 있는 것처럼 쓰다듬고 웃어주면 대답이라도 하는 듯 살랑인다. 더 밝은 모습으로 다가와 몸을 흔들고, 사리는 양이 그렇다. 묵언으로 뭔가 전해오는 듯해서 몸을 가까이 대고 귀를 기울여 본다. 몸을 낮추고 소탈하게 환경에 적응하며 스스럼없이 자기 모습을 드러낸다. 친근하게 느껴져 마음 편히 통하는 친구 생각이 날 정도다.

산책로 변에 드문드문 핀 코스모스는 바람에 중심을 잃은 사람처럼 하도 하늘거려서 냉큼 마음이 안 간다. 키 큰 싱거운 사람 같기도 하고, 가는 몸집에 발을 끊임없이 흔들어대는 경망스러운 사람을 떠올렸나 보다. 그러나 청초한 소녀 같은 맑은 표정엔 짐짓 시선을 거둘 수가 없다.

한참을 걷노라면 건너편 둔덕을 온통 차지하며 은빛머리칼로 변해가는 억새도 보이고, 물이 흘러가는 냇가를 다 덮어버린 갈대밭도 보인다. 앞서 가을꽃들과는 달리 저희 끼리만의 계파를 만드는 양, 크고 넓게 차지하며 군락을 이룬다. 그 세몰이가 너무 커 보여서 마치 권세를 부리거나 존재감을 과시하는, 교만한 사람 대할 때처럼 가까이 하기가 두렵고 어렵다.

또 한편 이곳 주변엔 세월이 갈수록 몸집을 불리며 영역을 넓게 차지해 가는 버드나무와 이팝나무와 벚나무가 있고 느티

나무도 있다. 사시사철 제자리를 지키며 지고 피고 열매도 맺는다. 말없이 제 몫을 다한다. 내가 이곳에 이사 올 때만 해도 작은 나무에 불과했는데 벌써 그들 밑을 지나노라면 햇빛을 가려주어 시원한 그늘까지 선사한다. 언젠가는 큰 고목으로 성장하여 '수양산 그늘 강동 팔십리 간다'는 고사처럼 그 후덕이 미치는 영향이 클 것이다. 혹 활발한 성장기의 손자 손녀들의 미래에 대한 비전을 그려볼 때와 같은 생각을 하게 한다.

아무튼 이들 모두 온몸을 불태워 자신을 드러내 보였던 한 철이 지나면 꽃도 잎도 열매도 다 내려놓고 혈혈단신으로 깊은 동면과 침묵으로 돌아갈 거다. 예외 없이 무엇이든. 그게 끝이라면 슬프겠지만 새 생명의 밑거름이 되어 다시 새롭게 변신할 봄을 맞게 하니 그도 위로다. 생성 소멸의 윤회의 법칙에 희망이 있기 때문이다. 계절처럼 사계를 살아가는 것이 그렇듯 무의미하지 않아서 살아있다는 것만도 감사하고, 살아있기에 누릴 수 있는 삶 또한 은혜일 수밖에 없다.

창조주의 지으심을 받은 그들, 그 피조물 나름대로 다 하나님의 선하심이 깃들어 있을 터인데 내가 감히 겸손하다, 교만하다, 쓸 만하다, 아니다 할 수 있겠는가. 나도 그 피조물 중의 하나이니, 지음을 받은 토기 그릇이 저를 만든 토기장이한테 무슨 말을 할 수 있으리. 다만 살아가다 보면 겪고 느끼는 사람 사이 관계가 자연의 생태계와도 닮은 듯해서이다.

그러고 보니 이를 빗대어 내 모습도 보일 듯, 알 듯하다. 이 가을, 은연중에 이름 없는 스승들을 만나 돌아보며 느끼고 배우는 게 있어서다. 노년에 들어서 이곳을 내 거주지로 삼은 것, 새삼 잘한 일이라는 생각이 든다.

클래식 콘서트에서 만난 삶

가을과 겨울 사이는 왠지 쓸쓸하면서 허전하다. 이 계절의 소슬한 마음을 채우기라도 하듯, 나를 위한 호사로 음악회에 가고 싶던 차였다. 마침 예술의 전당에서 공연 중인 페스티발 오케스트라 연주회에 갈 기회가 생겼다. 모처럼 만의 클래식 음악과의 만남이다.

하늘은 높고 맑으며 온 누리에 퍼진 햇살이 따사롭게 느껴진 날이다. 가을은 이별이 못내 아쉬워 머뭇거리며 아직 길을 뜨지 않은 것 같다. 도심 속에서 아름다운 선율처럼 흩날리는 낙엽 길을 밟고 가서다. 오랜만에 음악회에 간다는 게 마음 문을 살짝 두드렸나 보다. 설레는 마음에 한껏 멋까지 부리고 나왔다.

커피 한 잔으로 마음을 데운 뒤 프로그램을 사들고 지정석을 찾았다. 빈자리 없이 그 넓은 콘서트홀을 가득 메운 사람들을 보고 놀랐다. 연주회에 올 기회가 적은 내게는 스스로 이 분위기에 문외한이라는 생각을 실감한 자리다. 많은 사람이 모이는 곳에선 흔히 자리를 오고가는 사람, 늦게 들어서는 사람, 떠드는 사람들로 어수선한 하련만, 그런 분위기는 아니다. 조명을 받는 환한 무대 말고는 심연처럼 가라앉아 정적만이 감싸고 있다.

연주전에 지휘자가 직접 곡과 작곡가의 음악적 배경을 해설해 주고 시작했다. 감상이 훨씬 쉬워진 셈이다. 처음 연주할 곡은 불란서 작곡가 '생상'의 피아노 협주곡 제5번 F장조 Op.103 'Egyptian'이었다. 작곡가가 성공적인 피아노 연주자로 50년 째 되는 해에 세계 여행을 다니다가 이집트 여행 중에 만든 곡이라고 한다. 그래서인지 연주 내내 동양적인 음색의 조용하면서 서정적인 선율에서 신선하고 편안한 느낌을 받았다.

피아노와 오케스트라와의 협주가 정감어린 음향으로, 때로는 물 흐르듯 윤기 있는 음색으로, 때로는 새들이 깡충깡충 뛰어가는 듯한 피아노의 가벼운 터치로, 어느 땐 물방울 떨어지며 잦아드는 소리같이 현실감이 있었다. 뿐만이 아니다. 구름과 바람이 몰려오는 긴장감, 어느 대목에서는 청보리 밭의 물결 일렁이는 파장처럼 밀려오고 밀려가고, 때로는 낭만적인 사랑의 환희와 비애의 향연처럼 청중을 매료시켰다. 작곡가는 그의 합주곡처럼 대체로 조화롭고 평탄한 삶이었을 것 같은 생각이 들었다.

두 번째 곡은 슈만 교향곡 제1번 B장조 Op.38 '봄'이다. 한때 그는 문학적인 재능이 있어 시인을 꿈꿨지만 스승으로부터 피아노 연주에 천부적인 소질을 인정받아 사사받고 작곡가로서도 성공한 사람이다. '봄의 시작', '해질녘', '즐거운 유희', '봄의 만개'라는 4악장으로 나뉘어 연속적으로 연주됐다. 이 곡은 그를 키운 스승의 딸 클라라와 어려운 장애를 극복하고 결혼한 후 작곡한 거란다. 밝고 화사한 관악기의 경쾌한 울림으로 시작해서 만물의 생동하는 모습과 함께 만개하는 예술가의 창작력 모두가 표현되어진 느낌이다. 신혼의 단꿈에 부푼 슈만의 행복감, 특히 무르익은 봄날의 생동감이 그려진다. 그러다 언뜻 한풍이 몰아치는 듯한 악상이 곳곳에서 튀어 나오기도 한다. 이는 그가 정신적인 분열과 조울증을 앓았고 결국 그 증세로 46세의 젊은 나이에 죽은 것으로 보아 간혹 작곡가의 강박과 우울증이 느껴지는 대목이다.

1악장에서 트럼펫과 호른의 팡파르로, 봄의 시작을 알린다. 봄을 깨우는 소리다. 초등학교 때 우리 마을에 처음 악극단이 들어왔을 때 막이 올라가기 직전의 징소리를 들었을 때의 느낌 같았다. 심장이 두근거렸다. 아직 동면중인 미물들을 흔들어 깨우는 소리다. 때로 목관악기들, 특히 플루트의 느긋하고도 여유로운 선율은 마치 새싹이 무거운 땅을 밀고 서서히 올라오는 들썩임 같고 골짜기마다 봄을 꽃피우는 소리 같다.

2악장에서는 봄날의 지저귀는 새소리가 연상되다가 점차 사라지면서 괴괴한 정적이 흐르고 어두운 팡파르가 고개를 든다.

그러나 3악장에서는 마치 잔잔한 호숫가를 걷는 듯한, 바람과 햇빛과의 유희와 속삭임이다. 대지의 나무들이 몸을 푸는 소리다. 4악장은 펼쳐지는 봄의 향연에 대한 장엄한 찬미가 마치 마침표처럼 끝이 났다.

오케스트라는 지휘자의 동작 하나하나에 따라 단원들이 일사분란하게 하나가 되어 연주한다. 하나의 운명처럼 움직이는 공동체다. 마치 신이 의도하고 주도해 가는 선하고 아름다운 공동체 같다. 해서 작곡가의 의도대로 아름다운 화음의 극치를 이루어내나 보다. 소리의 강약 리듬에 의한 섬세하고도 비장한 선율 속에는 작곡가와 연주자들의 인생이 녹아있다고도 말할 수 있을 것 같다. 마치 작가들이 글에서 삶의 고비와 희로애락을 진솔하게 표현함으로써 작가의 인생이 녹아있음과 같다.

느낌표 같은 장엄한 오케스트라 연주가 끝이 나고 홀을 빠져나왔다. '봄'의 연주처럼 햇살은 여전히 눈부시게 부서져 내렸다. 어느새 기분은 가을이 아닌, 봄날이 되었다. 결국 슬픔과 우울, 환희와 즐거움은 우리 삶에서 늘 함께 가는 것. 음악도 창조주의 아름다운 솜씨를 찬미할 뿐 아니라 결국 인생에 대한 한(恨)과 정(情)의 표현이구나 생각을 했다. 덕분에 가을을 보내면서 쓸쓸한 내 영혼을 채워준 콘서트였다.

덕수궁 돌담길, 정동길을 걷다

높고 파란 하늘에, 선선하고 쾌적한 바람을 맞으면 가을이 냉큼 들어선 것을 실감한다. 모임 장소에 가려면 덕수궁, 정동길을 지나야 한다. 사람이나 차들로 그리 번잡하지 않고 역사가 숨 쉬고 문화적인 품격이 있는 길이다. 고즈넉한 고궁 담을 지나는 길은 산책로로도 그만이지만 특히 이 가을날 낙엽 지는 거리의 정취는 명품 그림을 생각하게 한다. 새삼 주변 하나하나의 풍경과 사연에 마음을 담아 본다.

덕수궁 정문 앞에서 늘 시간에 맞추어 행하는 수문장 교대식이 있다. 옛 복장을 갖추고 우렁찬 구령소리에 따라 움직이는 의식이 시대를 거슬러 좀 낯설게 보여도 역사 속의 한 장면을 살짝 들여다 본 느낌이다. 오며가며 덕수궁을 보면 조선 후기 말 민족의 많은 수난사를 생각하게 한다. 우리가 기억하고 보존해야할 역사 현장이고, 교훈 삼아 계승해 나가야 할 유산이라서다.

이어진 돌담 쪽으로 무명 화가의 그림들이 고객을 기다리는데 지쳐서 하품하듯 전시 되어 있다. 작품성을 떠나 측은지심마저 든다. 이름 없는 화가나 가수들의 거리 전시나 공연은 우리 소시민 삶의 애환을 공유하는 의미에서 시선이 머물 때가 있다.

가로수 밑에서 10여 명의 관객을 앞에 두고 열심히 기타를 치며 노래하는 젊은이를 본다. 세상에 선보일 가수의 첫걸음 통로일지도 모른다. 인생이 묻어있는 고백의 노래들이 이 가을날의 애수처럼 낙엽과 함께 흩날리며 쌓인다. 한 곡이 끝날 때마다 박수를 치는 이들도 있다. 힘내라는 응원의 박수다

각종 전시회를 보려고 가끔씩 들르는 시립예술회관을 지나면 그리스 신화에 나올법한 여신상이 옷자락을 끌며 우아하게 서 있는 분수대가 나온다. 우리의 역사성이 있는 거리와는 어울리지 않는 조형물이다. 위쪽으로는 미국 선교사들에 의해서 세워진 옛 배재학당이 있고, 오른쪽으로 가면 옛 경운궁 궁터 중 하나였던 미국대사관이 자리하고 있다. 정동극장 옆길로 들어서면 '을사늑약'이 체결된 중명전이 있다. 민족의 아픔이 서린 곳이라서인지 암울한 그림자를 품은 듯 보여 선뜩 그 쪽으로 발걸음이 내키지 않는다. 미국대사관 뒤편, 덕수궁 뒷문 쪽으로 아관파천 길, 고종의 길이 복원되어 개방된다고 하니 곧 그날의 사건 속으로 역사의 길도 걸어보리라.

정동극장 전면에 사극이나 현대극을 공연하는 선전 간판이

눈에 띈다. 시대의 변화만큼 오래 머물지 못하고 자주 바뀐다. 그려진 배경과 인물들의 표정만 봐도 시대와 세월을 가늠할 수 있고 기억 속에 사라질 인생의 무상함까지도 느끼게 한다. 시대의 우울일까, 신파극 같은 인생극장에 슬픔이 서려 보인다.

그길 건너편에 최초의 여성 교육기관이었던 이화학당(이화여고)이 있다. 길 변 후문에 '누구를 막론하고 말에서 내려서 가라(大小人員 皆下馬)는 한자어로 된, 빛바랜 조그마한 비석이 있다. 궁가나 종묘에서 주로 볼 수 있는 비석이지만 고종황제가 친히 이름을 하사한 학교라 해서 관심을 보여 세워졌을까. 또는 그 당시 이 길을 고종 임금이 자주 행차하셨기에 세워졌을지도 모른다.

달리 생각해 보면 일제 강점기 때 일본순사들이 말 타고 안하무인격으로 거들먹거리고 지나는 것이 우리 눈에 거슬렸을 것이다. 내 자녀들의 신성한 배움터이고 존중받아야할 교육 현장이니 이곳에 들어오려면 누구든 겸손하고 정중한 마음으로 말에서 내려 들어오라는 내 나름대로의 해석도 해 본다. 그래서인지 30여 년의 교사시절을 회상하며 그곳을 지날 때마다 그 비석에 유난히 마음이 동한다.

어느새 동인들과 만나기로 한 장수회관에 이르렀다. 그 건너편에 붉은 벽돌로 지어진 성(聖) 프란치스코를 기념하는 천주교회관이 있다. 우리는 그 건물 카페에서 자주 차를 마시며 합평

회를 한다. 그 건물 이름에서 이태리 화가 지오또의 그림을 생각나게 한다. 성 프란시스코가 마치 새에게 설교하는 듯한 모습에 수사가 놀라운 표정으로 바라보는 그림이다. 자연의 삼라만상과 대화하는 그 성인을 경외의 눈으로 바라보는 장면에서 잔잔한 감동을 받았던 터라 그런 듯싶다.

나는 이 덕수궁 돌담길, 정동길 걷기를 좋아한다. 계절에 따라 주변 풍경이 다르게 느껴지는 정서도 정서지만 과거나 현실 속에서 우리들의 실존을 확인시켜주는 듯해서 여느 길과는 다르다. 비록 내 몸은 느린 걸음일지라도 잠든 지각을 깨우게 하고, 역사 속에 살아온 세월을 지나 지금에 이른 생을 뒤돌아보게도 해서다. 세월은 그냥 지나가는 것이 아니라는 것을, 많은 사연을 낳고 허물고 지우되 또 새로운 시대를 열어간다는 사실을 피부로 느끼게 하는 길이기 때문이다.

영정 사진

엉겁결에 영정사진을 찍었다.

우리 교회 장로님 한 분이 60세 이상의 노인을 위해 찍어준 사진이다. 꾸미느라 수선 피울 일 없이 평상시 모습 그대로 카메라 앞에 섰다. 사진이 의외로 마음에 들었다. 흔히 하는 포토샵(Phtoshop)으로 이미지 보정도 안 한, 주름살 그대로 자연스러워서 더 마음에 들었다. 입가가 올라가고 눈꼬리는 내려간 게, 마치 즐거워서 웃음을 참지 못하겠다는 듯, 또는 손주를 바라볼 때처럼 편안하게 웃고 있다. 이 표정으로 남은 생애를 밝게 살라는 신의 뜻인가 하는 생각마저 들었다.

원래 영정이란, 제사 때나 장례를 지낼 때 위패 대신 쓰는, 사람의 얼굴을 그린 족자다. 그러나 지금은 실물사진으로 대신하고 있다. 흔히 어른들의 영정 사진은 죽음을 떠올려서인지 근엄한 표정에 웃음기가 없다. 그래서 거의 돌아가신 분의 사진

보기가 썩 좋지만은 않다. 그러나 사후에 내 영정 사진을 보는 사람은 슬픔보다 밝게 웃는 모습을 볼 수 있으면 하는 바람이다. 그리움을 넘어 피안의 안식처에 있는 느낌을 받는다면 더더욱 좋겠다.

실제 내 표정보다 좋아 보였다. 평상시에 이랬으면 더 좋았을 만큼 밝고 행복하게 보여서 내심 기분이 좋았다. 살다 보면 더러 나답지 않게 사는 때가 있고 나답지 않게 보일 때가 있다. 내 생각은 이래서 말하면, 상대방은 달리 여기는 경우가 있고, 내가 나타내고자 하는 속마음은 그게 아닌데, 상대방은 엉뚱하게 받아들이는 경우도 있다. 진짜 모습의 나와, 남이 생각하는 나 사이의 괴리감으로 편치 않은 경우다. 사람의 표정에 문제가 있는 것 같다. 얼굴 표정이 그 사람의 삶의 흔적이라고 하니 생각과 말은 같게, 표정은 좀 더 부드럽게 함으로써 평상시의 모습이 원하고 보이는 그대로 바뀌어 갔으면 하는 바람이다. 그러다 문상 온 그들이 내 영정 사진을 보고, "딱, 살아생전의 그 모습이네."라는 소리가 천국까지 메아리쳐 오면 좋겠다.

사진을 서재에 걸어놓고 들락거릴 때마다 본다. 사진 속의 표정을 따라 오늘도 환하게 웃어본다. 사노라면 동거할 수밖에 없는 어려운 일, 슬픈 일, 머리 아픈 일이 왜 없을까마는 음지의 그림자는 지우고 고뇌와 시련은 내려놓으며 행복한 웃음을 잃지 않았으면 좋겠다. 말이 씨가 되는 세상에 밝고 행복한 표정으로 감사의 말을 하면 왜 아니 좋은 일이 없을까. 마음부터 선한 생각으로 밝아야겠지. 눈까지도. 눈은 마음의 창이라고 했으니….

삶과 죽음, 꿈과 현실의 경계선도 종이 한 장의 차이만 못한 것이 아닌가. 어느 날 영정 사진을 보고 있으려니 문득 영정 속에 내가 있는지, 내 안에 영정이 있는지 구분이 안 갔다. 중국 춘추전국시대 도가 사상의 중심인물인 장주(莊周)의 호접지몽(胡蝶之夢) 생각이 났다. 장주가 꿈에 나비가 되어 즐겁게 날다가 문득 깨어보니, 자기는 분명 장주가 되어 있었다. 장주인, 자기가 꿈속에서 나비가 된 것인지, 아니면 꿈속에서 나비가 장주가 된 것인지 구분할 수가 없었다. 생각과 사물은 변화하기 마련이다. 물아(物我) 일체의 경지를 비유해 꿈과 현실을 구분 짓는 것 자체가 별 의미가 없다는 것인지도 모른다. 지금의 순간순간을 순리대로 살라는 의미일 것이다.

한 지인의 딸이 어머니 영정 사진을 보고 언젠가는 어머니를 잃게 된다는 생각에 슬퍼서 한참을 울었다고 한다. 그깟 사진이 무엇이기에 영정 사진 한 장으로 현실과 가상, 슬픔과 기쁨이 교차한다는 것인지, 그 또한 덧없는 일일 것이다. 그러나 그분의 딸 이야기에 슬며시 어미라는 사람의 속 좁은 마음이 발동을 했다. 딸들과 아들의 반응이 어떤가 하고 카톡으로 사진을 보냈다.

'나 죽은 후 영정 사진 찾느라 황망해 할 것 같아서 미리 준비 해뒀다'는 메모와 함께. 큰딸 반응, 'ㅇ ㅇ ㅇ' 침묵인지, 눈물인지 알 수 없다. 아들, '걱정 마세요, 엄마 오래 사실 테니' 위로인지, 무시인지도 알 수 없다. 막내딸, '이그! 오래오래 사셔야지요.' 슬픔을 얼버무리려는 듯, 그도 모호하다. 머리로는 자녀들이 사진을 보고, "우리 엄마 밝고 예쁘게 나왔네." 하며 웃기를 바랐으면서도 자식들이 슬픔을 느끼기는커녕 대범한 게 오히려 나 스스로 머쓱해졌고, 괜스레 섭섭한 마음이 들었다. 사람의 본심이란 게 상황에 따라 무형, 유형으로 이처럼 변하나 보다.

하긴 자녀들 입장에선 삶과 죽음의 경계선을 허물기는 어려울 게다. 애써 생각하고 싶지 않은 방어태세인지도 모른다. 엄연하게 다른 세계임을 느껴서 현실감이 없어서이기도 하리라. 다만 그건 영정 사진에 불과할 뿐이라고, 별 의미를 부여하고 싶지 않는지도. 요즘 젊은이들 사고의 다름을 인정해야 기성세대들의 생각이 자유로워져 편해질 거라고 스스로를 위로했다. 해서 그도 속 편히 웃고 말았다.

오늘 영정 사진을 정성들여 닦는다. 마음 속 불필요하고 오염된 생각까지 말끔히 닦아 내는 심정으로. 주름진 얼굴 사이사이로 가족 앨범의 빛바랜 사진 한 장 한 장이 기웃거리며 인생처럼 스쳐간다. 인생노정의 장면마다 가슴 아픈 사연에 마음을 베이기도 했고, 신경써야할 일로 머리가 아프기도 했으며, 부족한 판단력 때문에 죽비로 얻어맞는 듯 정신이 번쩍 날 때도 있었다. 물론 즐거움에 겨워 행복할 때도 있었다.

그래도 감사한 것은 그 고비를 은혜롭게 잘 넘겼기에 뒤돌아 볼 수 있는 여유와 평안으로 저토록 밝고 편안하게 웃고 있지 않은가.

청계산에 살으리랐다 · 9

– 4월에 부쳐

겨울이 떠난 자리에 봄이 들어섰다. 봄바람이 꽃 잔치를 몰고 왔다. 쇠잔한 몸에 생기를 불어넣는 몸짓들로 봄이 또 그렇게 내게로 왔다.

쾌청한 날씨에 청계산의 얼굴이 막 세수하고 나온 산골 처녀같이 청명하다. 산책하기에 좋은 날이라고 나를 밖으로 불러낸다. 밝은 햇살로, 색으로, 향으로. 단지 내의 돌층계를 내려서다가 짐짓 발걸음을 멈춘다. 돌 틈 사이를 비집고 나온 민들레가 환하게 웃고 있다. 그 옆에 보랏빛 제비꽃이 귀여운 얼굴을 내민다. 조금 더 내려서니 연보라 별꽃들이 여기저기서 아우성이다. 봄빛이 그들과 따사롭게 놀고 있다. 화사한 매화꽃에 질세라 그 옆에 산수유의 잔잔한 노란 꽃은 봄을 드러낸 지 이미 오래다. 봄꽃들 모두가 하늘 천사의 편지 같아 마음을 더 달뜨

게 한다.

연둣빛 고운 낯에
사뿐 봄은
바쁜 걸음으로 오더이다
눈웃음치며
바람결 따라
금빛 햇살 사이를 뚫고
하늘 길목을 조각낸
조형물들 비집고
그늘진 도회지 가로수에도
그렇게 봄은 가볍게 오더이다
오래전
길 떠난 그대
혹 돌아올 길 잃어버렸나요
이 봄
세월을 거슬러
물비늘 강물 길 따라
줄달음쳐 오소서 - 졸작 「봄은 또 그렇게」

겨울이 가야 봄이 들어서고 이 봄날도 가야 다음해에 다시 만난다. 떠나버린 텅 빌 틈 없이 다음 계절이 어느새 다가선다. 자연의 순회는 인간에게 얼마나 위로이고 희망인가. 그러나 그리운 사람은 가면 다시 오지 않는다. 영국 시인, T.S. Eliot는 그의 시 「황무지」에서 '4월은 잔인한 달'이라고 했다. 그 시인은 왜 하필 4월을 잔인한 달이라고 했을까. 굳은 땅, 딱딱한 표피를 뚫고 나오는 생명의 처절한 몸부림 때문인가. 폐허가 된 땅에서 기적처럼 다시 소생하려는 몸부림의 잔인성을 역설적으로 희망으로 본 것일까. 모든 만물이 다시 살아나는 계절인데 가버린 사람은 다시 오지 않고, 세상은 황무지처럼 냉랭해지는 것에 비유해서일까.

4월이 오면 같이 동참했던 4·19의거의 날에 죽어간 동문 친구들 생각이 난다. 1년 전 세월호 참사로 귀중한 많은 인명들이 비명에 간 달이기도 하다. 그들을 잃은 이 땅의 부모와 형제, 이웃들의 아픔이 가슴을 저리게 하는, 그래서 4월은 더 잔인한 달이 되었다. 그러나 세월 따라 강물 따라 흩어져버린 꽃잎과 잎이 진 자리에 상처만 남는 것은 아니다. 이별의 상처 자리에 그리움의 열매도 있다. 새로운 세상이 들어서고 사람들의 생각과 체제가 변하고, 자녀들이 오히려 올곧게 일어선다. 오늘의 이 아름다운 봄날도 쉬이 감을 서러워 말지다. 해지고 어두움이 내려도 내일이면 붉은 태양은 다시 솟는다. 봄을 영원히 붙잡고 싶어도 떠나는 사람 붙잡을 수 없듯 보내야 한다. 내일의 또 다른 세상이 열리고 열매가 있기 때문이다.

하루가 다르게 변하는 봄을 만나고 돌아오는 학의천 산책길은 늘 즐겁다. 주변 나무들의 막 펴가는, 윤기가 자르르한 연둣빛 새

잎만큼 아름다운 게 또 있을까. 햇살을 받아 생명의 기운을 뿜어내고 있음이다. 새롭게 눈을 뜨게 하는 미물들로 해서 아픈 다리를 잠시 쉰다. 학의천 깊은 웅덩이에는 나선형의 몸짓으로 활발하게 움직이는 물고기 떼들이 있다. 몇 달 전 해도 송사리였는데 제법 커서 유연하게 헤엄치고 있다. 한참을 들여다본다. 활발한 그들의 몸짓이 부러워서인가. 어제의 나를 추억해서일까. 미물을 비롯한 모든 만물도 인생들과 더불어 오는가 하면 벌써 간다. 이들로 해서 살아있는 것들의 이치가 다 같다는 게 새삼 신기하게 느껴진다.

매화와 산수유 꽃잎이 눈물 흩뿌리듯 떨어지기 시작했다. 사람도, 계절도 어느 날 문득 왔다가 속절없이 가는 것을 어쩌랴. '화무십일홍(花無十日紅)'이라는 말처럼, 눈부신 생명력을 뽐내던 꽃들도 금세 시드는 것이, 사람 또한 덧없이 가는 것과 일반이 아닌가. 그러나 이런 세월의 흐름도 단순한 흐름이 아니라 생성과 소멸, 다시 생명으로 이어지는 동적(動的)이라는 것, 아니 잔인하다는 것을 새삼 생각하게 한다. 천변 양쪽 둔덕에는 작년에 죽어 누웠던 검불 속을 용케도 뚫고 갖가지 파란 싹들이 번쩍 손들고 나왔다. '나요, 나요' 소리치는 아이들 같다. 좀 있으면 그 자리에서 잎이 활짝 펴지고 꽃이 필 것이다. 4월의 잔인함 중에도 위로이고 기쁨인 것이다.

올해도 나의 봄은 또 그렇게 와서 오늘의 살아있음을 감사하며 즐기게 한다. 속절없는 세상에서 내 생명이 스러지는 순간이 언제인지는 알 수 없다. 그래서 매일의 삶은 더욱 소중하고 엄숙한 것이기에 하루하루 생의 의미를 반추하며 살아갈 일이다. 엘리엇의 「황무지」에서 4월의 시를 다시금 읽는다.

청계산에 살으리랐다 · 10

- 머물다 간 자리

시간도, 계절도 머물다 간 자리, 그 태(態)가 있다. 시간이 머물다 간 자리마다 계절이 바뀐다. 눈에 크게 뜨이진 않아도 땅의 수분과 바람과 햇빛이 머물고 간 자리엔 나무와 풀잎이 무성하고 꽃이 피며 열매를 맺는다. 해서 머문 자리는 삶의 흔적이다. 사람도 그렇다. 세월 따라 산 자리마다 수많은 나와 수많은 이웃으로 이루어져 변화와 삶의 열매가 있다. 창조주도 피조물들이 머문 자리마다 공평하게, 골고루 그분의 손길이 미치지 않는 곳이 없게 한다.

뒤 켠 창문을 통해 바라본 청계산의 여름이 벌써 바뀌고 있다. 오랜만에 해질 무렵 청계산 자락으로 올라가는 길목, 산책길 끝까지 걷는다. 그 끝의 이웃 텃밭에 여름이 영글어간다. 대추나무에 대추가, 포도넝쿨에 포도가 주렁주렁 매달려있고, 가지도 많이 달려있다. 고추와 토마토에 여름이 빨갛게 익어가고, 넝쿨 속 호박도 살짝 얼굴을 내민다. 특히 요즈음 저녁 산책길을 즐겁게 하는 것들이 있다. 울타리에 줄지어 피어있는 하얀 박꽃이다. 달빛을 받아 눈부시게 웃고 있다. 그 근처의 달맞이꽃도 한몫을 한다. 내 시 「박꽃」을 읊는다.

시집가는 날
면사포를 쓴
어머니를 닮았나
하늘을 향한
지순의 소망
생명의 텃밭 일군
어머니의 품속…
외로울 때 눈감으면
포근히 피어나는 어머니
고향 집 하얀 박꽃.

그 박꽃 생각에 마음은 이미 옛 고향집으로 달려간다. 시간이 머물다 간 자리마다 꽃이 피고 진 자리에 열매가 익어가고 있다.

오랜 가뭄 후, 며칠 내린 장맛비에 학의천 물소리가 기운차다. 산책길 내내 흘러가는 물소리에 마음을 맡기면 1시간 남짓 걷는 길이 지루하지가 않다. 풀섶에 풀꽃이 더 무성해졌고, 오리들이 물속에서 활기차게 먹이사냥에 분주하다. 둔덕에 무리지어 피어있는 흰 개망초꽃과 철없이 뒤늦게 핀 금계국이 한층 싱싱해졌음은 물론이다. 벌써 코스모스가 가을 예고하듯 한둘 피기 시작했다. 고여 있어서 탁해졌던 물이 모두를 품고 씻겨가서 한층 맑아졌다. 동네 꼬마들의 물놀이에도 안성맞춤이다. 웃음소리가 즐겁다. 반가운 비가 머물다 간 자리다.

머물기만 한다면 무슨 조화가 있겠는가. 움직이고 흘러가서 머물렀던 자리를 떠나야 새로운 만남과 변화가 기다린다. 시간이 지나면 피고 지는 것으로 끝나는 삶도 있지만 그 자리에 씨와 열매를 맺는 삶이 더 많다. '밀알 하나가 땅에 떨어져 죽지 않으면 한 알 그대로 남고, 죽으면 많은 열매를 맺는다'는 성경 구절이 있다. 열매에 대한 소망과 기대로 인고의 씨를 뿌리겠다는 의지다. 한 알 그대로 남기를 원치 않고, 자신을 희생하고 합력하여 많은 열매를 맺겠다는 의지이기도 하다. 동식물 모두가 종족 보존에 대한 본능마저 있잖은가. 산책을 하면서 주위의 나무나 꽃을 유심히 보면 그런 바람과 물과 햇빛이 머문 자리마다 씨와 열매를 얻기 위한 활발한 움직임이 느껴지고, 보이는 듯하다. 그러다 어느 날 문득 작은 열매가 보이기 시작하면 반갑고 신통해서 한참을 들여다보며 온몸으로 기쁨을 느낀다.

우리 자식들이 한창 클 때도 어느 날 문득 자란 모습에 내심 흐뭇함을 느꼈다. 키가 크고, 체중이 불어나고, 힘이 세어지고,

정신적으로 성숙해 간다. 환경의 물리적인 작용의 변화이기도 하겠지만, 부모의 사랑과 주위 모든 이들의 선한 관심이 머물다 간 자리라 할 수 있다. 성인이 되어서 자기 인생을 살아갈 때도 때마다 일마다의 삶에 머문 그의 자리가 다 다르다. 족적이 달라서다. 눈물 나는 슬픔도, 외로움도 있고, 때로는 축복 같은 자리에 서 있는 환희도 있다. 더욱 마지막 죽음의 자리에 머문 그 사람의 인생엔 희비가 엇갈린다.

어느 유품 정리 전문가의 말이다. 기관의 위촉을 받아 독거노인의 죽은 자리나 범죄 현장의 죽은 자의 유품을 정리하다보면 많은 것을 느끼게 된다고 한다. 자식은 부모를 버렸어도 죽은 뒤에 자식을 사랑해서 쓰지 않고 모아둔 돈을 사진 뒤에 남기고 간 사연, 잘못된 부모의 양육 방법이 아들을 어머니 죽인 범죄자로 만든 현장, 경비 일을 하는 박봉으로 노숙자들 먹이고 거둔, 그 선한 사람이 죽은 장례식장을 노숙자들이 지키고 있는 것을 보면서 사후 그들이 머물다 간 자리가 확연히 다름에서 깊은 깨달음을 얻었다고 한다.

예전에는 걸인이 참 많았다. 추운 겨울이면 큰 가마솥에 장작불로 밥을 하던 시절, 어머니는 그들을 그냥 돌려보내지 않고 늘 따뜻한 밥을 먹여서 보냈다. 어머니 장례식장에 그들 중 한 사람이 그 식구들과 함께 와서 삼천 원을 부조했다. 그 당시 그에게는 큰돈이었다. 이 할머니가 배고프고 추울 때 늘 먹여주며 잘 해주었다면서 문상하고 갔다. 나는 어린 시절 어머니의 선행을 아직도 기억하고 있다.

자연도 그렇지만 사람에게도 머물다간 세상이 있다. 세월 따라 변화가 있고, 그 살아가는 환경과 방법에 따라 다 다른 결과의 인생이 있다. 결국 자신의 삶의 결정체다. 고은 시인의 시 「어떤 기쁨」 시구 중에 이런 구절이 있다. '이 세계의 어디에서 나는 수많은 나로, 나는 수많은 남과 남으로 이루어졌다. 울지 마라'고 위로해준다. 그런 마음은 세상은 타인만이 아닌 수많은 나, 나의 삶으로, 또한 수많은 남과 남, 이웃과 관계로 이루어졌다는 것을 깨달을 때 비로소 이 세상 어디에나 내가 있다는 것을 알게 된다는 의미이리라.

내가 죽은 후, 이런 세상 머물다 간 자리를 생각하게 한다.

세상 살아가는 이야기 · 1

- N포 세대

한 시대의 우울이 우리를 슬프게 한다.

최근 20~30대에서 유행하는 신조어, 'N포 세대'가 그중 하나다. 사회적, 경제적 압박이 젊은 세대를 절망의 늪에 빠지게 하는 현상에서 비롯된 말일 것이다. 사회적인 병리 현상으로까지 영향이 미치고 있다. 이 때문에 부모, 형제, 이웃과도 갈등과 불화가 생기고 인간관계에도 부적응의 현상을 초래하고 있다. 이런 시대적인 우울이 안타깝다. 절망을 기회로 삼을 희망은 없는 것일까.

N은 수학기호로서 부정의 수, 아직 정해지지 않은 수를 말한다. 따라서 N포 세대라는 말은 젊은이들이 사회 진출과 동시에 기회가 박탈됨으로써 불확실한 미래에 대한 불만에서 모든 것을 포기한 세대를 자조적으로 지칭하는 신조어다. 연애, 결혼,

출산을 포기한 3포 세대에, 두 가지를 더한, 대인관계, 내 집 마련을 포기한 5포 세대에서 꿈, 희망까지 포기한 7포 세대까지 전부를 아우르는 말이다. 정치권에서도 헬 조선(지옥의 대한민국)이니, N포 세대니 하는 표현을 자주 들먹거린다. 청년실업 대책, 노동개혁, 미래 창조경제라는 거창하면서도 희망적인 말로 돌파구를 찾겠다는 시도에서일 것이다. 그 대책이라는 게 사기극이 아닌, 정말로 현실화되기를 얼마나 갈망하는 세대인가.

얼마 전, 지하철을 탔을 때다. 갑자기 한 젊은이가 아버지뻘 되는 분을 험한 욕과 함께 심하게 때리는 것을 목격했다. 그 근처에 있던 나는 내리려고 일어서다가 그 힘에 밀려 넘어질 뻔해서 가슴을 쓸어내린 바 있다. 그 청년을 째려봤다는 단순한 이유에서다. 그분이 극구 그게 아니라고 해도 그 청년은 막무가내로 덤벼들었다. 청년에게 문제가 있어 보였다. 이처럼 젊은이들 중에는 사회적으로 가정적으로 쌓인 욕구 불만에, 취업 등 심한 스트레스로 해서 심리적인 압박을 받고 있는 사람이 많다. 그 때문에 일종의 사이코 페스(Psycho Path)가 되어가는 건 아닌지 염려스럽다. N포 세대에 있을 수 있는 병리현상 중의 하나다.

우정아의 '아트 스토리'에는 프랑스의 화가, 테오도르 제리코(Theodore Gericault 1791~1824)의 그림 설명이 있다. 그림 속 남자는 자기가 고위 장교라는 착각에 빠져 있다. 붉은 술을 모자에 달고 한 쪽 어깨에는 담요를 두른 채, 커다란 동전의 가운데를 뚫어 훈장처럼 목에 걸고 있다. 바짝 마른 얼굴에 상대의 눈을 피해 흘겨 뜬 눈으로 먼 허공을 바라보는 그는 입술을 굳게 다문 채 그 누구와의 소통을 거부하고 자기만의 세계에 빠져있는 모습이다. 이 초상화는 정신과의사였던 장 에티엔 에스키롤(J E D Esquirol)이 주문한 그림이라고 한다. 그 당시 혁명을 겪은 이후 유난히 정신병자가 늘었다고 생각한 그는 광기의 원인이 바로 야망과 좌절이라고 진단했다. 신분에 예속된 삶을 살아야했을 많은 평범한 이들에게 야심을 불어 넣었고 낯선 자유 앞에서 허황된 꿈을 꾸었던 그들은 결국 현실 속에서 좌절하자 혁명의 시대를 동경하며 무기력한 광기에 시달리게 되었다는 것이다. 그 그림의 주인공이 바로 그런 예라는 것이다.

젊은 패기와 꿈으로 '무엇이든 할 수 있다'고 믿었던 이들이 현실적으로는 더 이상 '할 수 있지 않다'는 것을 절감할 때 우울증에 시달릴 수밖에 없다고 한 철학자는 말한다. 꿈이 좌절로 이어질 때 무너지는 허탈감이 다양한 형태의 병리 현상을 일으키고 있는 안타까운 현실이라고 할 수 있다. 그림 속 남자의 허공을 바라보는 눈빛에서, 또한 지하철 안에서 목격한 한 청년의 맹목적인 난폭에서 모든 것을 포기한 'N포 세대'의 우울을 보았다면 과장된 표현일까.

버지니아 포스렐 이 쓴 『글래머의 힘(시각적 설득의 기술)』이라는 책에는 N포 세대가 주목해 볼만한 얘기가 있다. 저자는 글래머

(glamour)에 대한 새로운 해석을 시도한 게 집필의 동기라고 한다. 글래머란 흔히 가슴이 풍만한 매력적인 여성이나 귀티, 화려함을 의미한다. 그러나 요염한 단어의 의미를 넘어 확장 해석하고 있다. 실재 존재하지 않은 사물을 눈에 보이게 만드는 마법의 힘을 의미하기도 한다. 그는 글래머를 '시각(視覺)'으로 상대를 설득하고 매혹하는 수사학'이라고 규정한다. 마음을 움직이는 비(非)언어적 커뮤니케이션이자 타인으로 하여금 '다른 무언가', '다른 누군가'가 되고 싶게 만드는 힘이라는 것이다.

슈퍼 히어로 영화에 열광하는 어린이처럼 사람들은 글래머를 가진 존재에 자신이 되고자 꿈꾸던 이미지를 투영하게 된다는 것이다. 시각적인 게 설득력이 있는 것은 글래머는 가장 인상적인 '장면'의 형태로 남기 때문이다. 뇌리에 인상적으로 남는 장면에 자신이 꿈꾸던 이미지를 투영시켜 '내 것으로' 또는 '되고 싶어 하는 것'으로 새로운 도전을 시도하게 한다는 얘기다. 익숙하고 친밀한 것은 누군가를 매혹 시킬 수가 없어 도전하기가 쉽지 않기 때문이다. 새로운 분야에 대한 도전에 강한 글래머가 발생함으로써 요즈음 젊은 벤쳐기업의 CEO들, 오바마, 잡스, 게이츠 등과 같은 매력적인(Glamorous) 인물이 될 수 있음이다.

TV에서 어떤 사람의 말에 강한 인상을 받았다. '가진 것이 없다는 것은, 언제든지 시작할 수 있는 시점에 있다는 것'이다. N포 세대의 우울에서 벗어나기 위해 새로운 시발점에 서서 주위 환경으로부터 얻는 글래머 발생을 꿈을 실현하는 계기로 삼으면 어떨까. '되고 싶어 하는' 분야에서 일단 시작함으로써 수 년 후에는 '내 것으로' 뭔가 이루어내는 일이다.

이 아름다운 가을날, 학의천 산책길에 나서면 들국화가 흐드러지게 피어있다. 연약한 줄기가 바람에 흔들리면서도 화사하게 피어 행복한 웃음을 짓고 있다. 나도 따라 웃게 한다. 그래서 시인, 도종환은 이렇게 읊었나 보다.

흔들리지 않고 피는 꽃이
어디 있으랴
그 어떤 아름다운 꽃들도
다 흔들리며 피었나니…

이는 N포 세대를 포함한 우리에게 던지는 삶의 지혜로운 시구다.

성경에도 '먹고 마시고, 입는 것을 염려하지 말라'고 하면서 '들의 백합화가 어떻게 자라는가 보라'는 구절이 있다. 왜 예수님은 들의 백합화를 비유로 들어 염려하지 말라고 말씀하셨을까? 그 꽃은 광야에서 폭풍과 비바람, 뜨거운 햇볕과 가뭄 속에서 살아갈 수 없을 만큼 약하지만 꽃을 피웠기 때문이다. 마치 우리 인생도 그와 같다. 언제, 어디서, 어떻게 우리 생존을 위협하는 일들이 일어날지 아무도 알 수 없다. 그러나 하나님이

들의 백합화보다 더 존귀하고 아름답게 만든 존재가 바로 우리다. 백합화처럼, 들국화처럼, 혼자서도 때를 따라 감사하며 살아가는 법을 배우는 지혜도 주셨으므로 N포 세대가 아닌, 슬기롭게 이겨나가는 매력적인 인생이 될 수 있을 것이다. 그러기 위해서 '다른 무언가, 다른 누군가'가 되기 위해 언제나 시작할 수 있는 시점에 서서 '내 것으로, 되고 싶어 하는 일'을 위해 과감히 도전해 보는 거다.

어찌 N포 세대에게만 해당 되는 이야기이겠는가. 글래머러스한 인물이 되는 꿈에서 너도 나도 예외가 아님을 다시금 생각하게 한다.

세상 살아가는 이야기 · 2

- 포장하지 않은 멋

어느 날, 문득 거울 속에 비친 자신의 얼굴에 놀라고 실망할 때가 있다. 거울 속 얼굴엔 어느새 주름이 자글자글하다. 이를 바라보는 마음이 편치만은 않다. 그러나 지금까지의 내 삶의 흔적인 것을 어쩌랴. 부인할 수도 없는 현실에 기왕이면 석양을 곱게 물들이는 노을처럼 남고 싶은 바람이 있다. 더러는 나이를 거꾸로 먹는 여인을 보면 부러울 때도 있지만 그보다는 그 나이에 걸맞게 품위와 고상함을 바라기 해볼 수도 있음을 위로로 삼는다.

요즈음은 얼굴에 주름이 많아도 보톡스를 맞아 눈 주위나 양 볼이 통통하게 살이 오른, 나이든 여인을 흔히 본다. 쌍까풀에, 얼굴 주름을 없애는 성형 수술도 해서 한결 젊게 보이려는 추세다. 조금은 부자연스럽게 보일 때도 있어 부럽다는 생각이 꼭 드는 것만도 아니다. 오히려 희끗한 머리에, 비록 눈가에 주름이 있어도 자연스러운 아름다움을 지닌 여인이 더 귀품 있게 보인다. 나이 들었어도, 미인은 아니어도 곱고 멋스럽게 늙는 여인들을 보면 같은 여자라도 한 번 더 쳐다보게 된다. 그 비결이 무엇일까.

물론 리즈 테일러나, 김태희 같은 미인들을 바라보는 즐거움은 있다. 그들은 너무 예쁘고 돋보여서 여성들의 부러움의 대상이기도 하다. 그러나 여성의 아름다움이란 꼭 얼굴이나 육감적 몸매에서만 나오는 것은 아닐 것이다. 지적이면서 유머러스하고, 세태의 유행에 휩쓸리지 않아도 자기만의 개성적인 스타일에서 또 다른 매력을 찾아 볼 수 있다. 여유로운 태도, 조용하면서도 편안하게 대할 수 있는 너그러움, 겸손이 몸에 밴 여자다. 때로는 당당함을 지닌 모습이다. 자신감일 수도 있다.

은퇴한 어느 이탈리아 여배우가 사진관에 갔다고 한다. 카메라 앞에서 그녀가 사진사에게 조용히 부탁했다. "절대 내 주름을 지우거나 수정하지 마세요."라고. 당황한 사진사에게 그녀가 웃으며 말했다. "그걸 얻는데 평생 걸렸거든요." 그 유머와 여유, 그리고 나잇살의 흔적을 포장하지 않으려는 당당함이 바로 그 비결인 듯싶다. 그녀는 열심히 살았기에 생긴 주름살에 오히려 당당했을지도 모른다.

그림에서다. 가을 들녘에서, 곱게 물든 노을을 바라보고 서 있는 나이든 여인의 뒷모습을 본다. 아마도 자녀들과 함께 온

여행지에서 혼자 조용히 산책길에 나섰을 것이다. 왠지 쓸쓸함이 묻어나지만 어느덧, 나도 그 나이에 이르렀다. 그 순간, 살아생전에 자주 어머니를 모시고 아름다운 자연 경관을 찾아 나서지 못했던 일이 갑자기 생각났다. 어리석게도 어머니는 항상 가서 뵙는 그곳에만 계시는 것으로 여겼다. 무엇에 그리 바쁘게 마음을 빼앗기고 살았는지 모르겠다. 후회와 함께 마음 한 칸엔 어머니에 대한 그리움으로 울컥한다. 나의 어머니는 나름대로 곱게 늙으셨다. 지금의 우리들처럼 가꾸거나 치장하지 않고 자연 그대로 늙으셨어도 고왔다. 더욱이 우리나라가 어려웠던 50년대에 가난하고 소외된 이웃에게 베풀고 산 마음은 더 고우셨다. 그래서 내게는 늘 고운 노을로 남아있는 어머니다.

늙어간다는 것은 자연스러운 일이다. 거스를 수도 없다. 나이 들어 성형을 하고 꾸민다 해서 노을의 아름다운 빛으로 남는 것은 아닐 것이다. 나는 나이 들어도 오히려 매력 있고 당당한 사람에는 못 미치고, 내 어머니만큼 곱게 나이 드는 데도 역부족인 사람이다.

그러나 스스로 뒤돌아보며 포장하지 않은 멋스러움으로 그러면서 보람 있게 여생을 마무리하고 싶다. 그건 바람일 뿐이라도 지금까지 그래왔듯이 나도 내 어머니처럼 고은 노을로, 또는 주름을 그대로 두라는 이탈리아 어느 여배우처럼 자연스럽게 변해가는 당당한 모습이고 싶다.

세상 살아가는 이야기 · 3

- 으스스한 봄날에

꽃샘추위가 기승을 부리는 요즈음의 봄날처럼 으스스한 기운을 느끼게 하는 일들이 주변에서 일어나고 있다.

우수(雨水) 다음 절기인 경칩(驚蟄)도 지났다. 미물들이 동면에서 깨어난다는 시기도 지났건만 찬바람이 가슴을 파고든다. 나목에 움이 돋기 시작하고, 풀숲에서도 무거운 땅을 밀고 올라오는 앙증맞은 싹을 보게 되는 봄맞이 설렘도 멈칫해졌다. 거기에다 요즈음 인공지능 바둑프로그램 알파고로 세상이 와글와글 떠들썩하다. 사람의 지능으로 만들어진 기계에 인간이 정복당할 것이라는 화두 때문이다. 우리의 미래에 대한 위기감을 느끼게 하는 일, 어찌 으스스한 현상이 아닐까. 또한 최근 어린 생명들이 부모의 손에 의해서 죽임을 당하는 비정한 사건들로 으스스하다 못해 오싹한 느낌마저 들게 한다.

꽃샘추위는 겨울철에 영향을 주는 시베리아 기단(氣團)이 봄철이 되면서 약화되었다가 일시적으로 강해지며 발생하는 이상저온 현상이라고 한다. 사계절 중 이 기간이 더 유별난 것은 늦추위라 하지 않고 '꽃샘'이라는 특이한 표현까지 붙여졌다. 동장군은 물러갈 때 다른 계절보다 특히 봄에 대한 질투와 투정으로 퇴락의 모습을 확연히 드러내기 때문인 것 같다.

그러나 시리고 새파랗게 질린 이미지의 겨울이 봄꽃을 시샘하는 것도 새 생명을 틔우기 위해 꼭 치러야할 과정 중의 하나가 아닌가 싶다. 인고 끝에 더 찬란한 봄을 준비시키고 있는 꽃눈들을 긴장시키기 때문이다. 그 질투의 힘은 대단한 것 같다. 인간사 역시 마찬가지다. 선의의 시샘이 더 높은 고지를 차지하는 것처럼.

박완서의 소설 『나목』에서 '나는 꽃샘추위와 같은 으스스한 외로움을 느꼈다'라고 한 글귀가 있다. 계절이 바뀌는 과정에서 누구나 느끼는 이 스산한 외로움이 문학이든, 예술이든 오히려 창조의 씨앗이 되기에 꼭 외롭거나 춥지만은 않을 것이다. 자신의 내면을 더 충실하게 들여다볼 수 있는 계기가 되어 간고 끝에 결실을 기대해 볼 수도 있지 않을까 생각한다.

또 한편, 인간의 두뇌 발달로 만들어진 로봇이 이미 여러 면에서 사람들의 일자리를 대체하고 있다. 더욱 알파고 같은 인공지능이 앞으로는 수백 가지 직업을 반절로 줄게 함으로써 사람들이 많은 일자리를 잃게 될 거라고 한다. 그 예로 의학, 법률, 경제 전문직, 요리 레시피까지 그의 결정이 '정답'이 되는 시대가 올 거라는 얘기다. 최근 알파고와 이세돌 9단과의 바둑 대국에서 이세돌의 승리를 모두 자신했으나 결국 지고 말았다. 알파고가 이기도록 프로그램이 효율적으로 되어 있기 때문이란다.

인간은 감정의 동물이다. 승리라는 기쁨을 누리고 패배라는 굴욕도 느낀다. 하지만 자아가 없는 알파고는 승리도 패배도 느낄 수 없다. 승리의 짜릿한 기쁨이 기계에겐 무의미하다. 바둑을 '수담(手談)'이라고도 한다는데, '손으로 나누는 대화'를 뜻한다. 대국 중에는 서로 말은 하지 않지만 상대방의 감정과 의중을 손길을 통해서 전해지기 때문이다. 두뇌 싸움이겠으나 심리전의 영향도 무시할 수 없다. 그러나 무감정, 무감동의 기계를 상대해야 하는 이번 대국은 인간으로서는 얼마나 으스스한 봄날 같은 현상인가.

알파고의 파장처럼 세상 돌아가는 미래의 풍조도 결국 대부분 변할 것이다. 우리가 바라는 일이든, 아니든 인공지능 중심의 4차 산업혁명이 시작되었기 때문이다. 그러나 과학의 기술적인 면은 기술의 길로 가고, 인간적인 면은 인간의 길을 감으로써 미래에 대한 두려움은 자연히 극복되리라 여겨진다. 이세돌이 대국에서 진후에 "이세돌 개인이 진 것이지 인류가 진 것은 아니다."라고 한 말도 우리에게 긴 여운을 남겨주고 있다.

요즈음 부모, 친부, 계모의 어린 자녀 학대로 인해 일어난 불행한 사건들은 뉴스나 신문보기를 두렵게 한다. '저런 저런, 세상에 이럴 수가' 하는 탄식이 절로 나온다. 사람으로서 인면수심(人面獸心)도 유분수이지 그럴 수는 없다. 분신 같은 자식이 아닌가. 짐승도 목숨을 걸고 제 새끼 먹이고 지킨다. 그래서 그런 사람을 짐승만도 못하다고 했을 것이다. 누구를 탓하랴. 사회적인 병폐 현상의 원인인지, 양질의 교육부재여서인지, 유전적인 혈통의 영향 때문인지, 다 같이 가슴앓이 하고 고민해봐야 할 우리들의 문제인 것 같다.

생동하는 봄기운에 언 땅을 뚫고 쑥쑥 올라오는 가녀린 싹을 보면서 부모의 사랑을 받지 못해 꽃도 피워보지 못한 어린 생명들을 생각한다. 비록 내 자식이 아니어도 마음이 쓰리고 아픈 일로 이 봄날이 더 춥게 느껴진다.

그러나 겨울은 바람처럼 흔적도 없이 지나갈 것이다. 누구나 기다림이 어떤 마음인지 안다. 결국 봄꽃 시샘에도 불구하고 기다리는 내게 어느새 봄은 설렘으로 다가오고, 다가가고 있다. 활짝 꽃피울 봄을 향해. 황지우 시인의 「너를 기다리는 동안」이라는 시가 생각난다.

네가 오기로 한 그 자리에
내가 미리 너를 기다리는 동안

다가오는 모든 발자국은
내 가슴에 서성인다
바스락거리는 나뭇잎 하나도 다 내게 온다
기다려본 적 있는 사람은 안다
세상에서 기다리는 일처럼 가슴 설레는 일 있을까
… 중략 …
남들이 열고 들어오는 문을 통해
내 가슴에 서성거리는 모든 발자국 따라
너를 기다리는 동안 나는 너에게 가고 있다.

사람으로서 지켜야 할 도리와 인간 본성은 시대가 변하고 환경이 변한다 해서 무너질까 싶지는 않다. 무엇보다 사람은 봄날 같은 따뜻한 가슴을 가지고 있어서다. 이게 희망이다.

세상 살아가는 이야기 · 4

- 가운데 자리

어느 시인의 시를 가슴 아프게 읽었다.

모서리 앉지 마라 말씀하신 아버지가
명퇴 후 습관처럼 모서리에 앉아계신다
가운데 앉으세요 해도 고개만 저으신다
키도 작아지고 목소리도 작아지고
가장(家長) 자리에서 가장자리 된 아픈 이름
한사코 가운데 자리 앉혔다 눈시울이 뜨겁다

- 이태정, 「자리」에서

현실을 실감케 하는 시다. 지금은 앉은 자리로 사람값을 매기는 게 세상인심이다. 앞자리, 옆자리, 뒷자리 위치에 따라 그 위상이 달라지며 속내 또한 사뭇 복잡해짐은 물론이다. 한 예로 최근 방영되고 있는 북한 사정을 보면 김정은 바로 옆자리에 누가 앉았느냐에 따라 서열이 자주 바뀌면서 권력의 우위를 두드러지게 보여주고 있다. 우리나라도 '측근'이니 '친(親)'이니, '주류니, 비주류니'로 회자되며 자리매김을 하고 있다. 그런 정치적인 일이야 우리 서민에겐 거리가 먼 이야기지만 아버지의 퇴직이나 '명퇴'자리가 때로는 주변에 그늘을 짓게 하는 우울한 이야기다. 명퇴가 원래의 개념인 명예로운 퇴직이 아닌, 각 기업체가 구조조정으로 인한 퇴직 명령이나 다름없기 때문일 것이다.

새해 들어서 '정년 60세'가 목전에 닥치면서 이름 하여 희망퇴직 칼바람까지 맞는 50대, 심지어 30대도 있다고 한다. 명퇴 당하는 퇴직자의 뒷모습 그림자가 더 길어 보여 쓸쓸하게 보일 수밖에 없다. 시(詩)에서처럼 가장(家長)의 자리에서 가장자리로 밀려난 아픈 이름들의 퇴직은 '키도 작아지고 목소리도 작아지게' 하는 일일 것이다. 함께 겪어야하는 식솔들의 눈시울은 뜨거워지고 된서리 세파에 터전마저 흔들릴 것이다.

그간 아버지들의 직장생활에서 자리 때문에 겪어야했던 마음고생은 또 얼마나 컸을까 싶다. 키 큰 나무들의 그늘 틈새에 주눅이 들어 능력을 제대로 펴지 못했을 수도 있겠고, 살아남기 위한 경쟁력 때문에 많은 스트레스를 받았을 것이다. 때로는 회식자리에 마지못해 얼굴을 내밀어야하고, 단합이라는 이름으로 높은 산을 힘들게 오르내리며, 코트장이나 골프 필드에서 발바닥이 땀나게 뛰기도 하고, 일터에선 땀범벅으로 동분서주했을 아버지들, 다 지켜내고 버티어야 할 자리 때문일 것이다.

빽빽하게 들어선 숲에 가면 나무들이 줄 맞추어 심겨진 곳이 있다. 그처럼 정돈된 숲이 좋을 것 같아도 그렇지만은 않다고 한다. 오히려 정돈된 것 같지 않은 숲이, 그리고 숲속엔 작은 나무나 풀 같은 키 작은 식물이 많은 게 건강한 숲이라고 한다. 키 작은 식물이 숲의 습도를 높여주어 키 큰 나무를 잘 자라게 하지만 큰 나무만 있어도 저희끼리 경쟁하여 잘 자라지 못하기 때문이다. 키 작은 식물 또한 큰 나무들에 가리어져 햇빛이 들지 않음으로 성장이 어렵다. 결국 그 속에 작은 동물들은 서로 어울려 살 터전을 자연히 잃게 된다. 자연 생태계의 이치처럼 우리네 삶도 마찬가지다. 이처럼 들어선 자리에 따라 삶의 태도나 질이 변하기 때문이다. 바로 우리들 아버지의 자리, 내 자리이기도 하다.

나무들처럼 크고 작은 순서대로 줄 맞춘 자리가 아닌, 상황에 따라 크기도 하고, 그렇지 못해서 올라가기도 하고 내려가기도 하고, 바뀔 수도 있고, 나아갈 자리가 있으면 물러서야 할 때도 있을 텐데 말이다. 자의에 의한 자리바꿈으로 더 성장을 기대해볼 수는 없는지, 사회 제도에 멍든 가슴들, 바로 너와 내가 겪는 가슴들이 안타깝다. 숲의 나무들처럼 크면 큰 대로 작으면 작은 대로 자연스럽게 어우러짐으로써, 그 가운데 작은 풀들과도 공생을 이루어야 건강한 숲이 되지 않은가. 그같이 사람이 만든 제도에 의해서 획일적으로 적용 받지 않고 건강한 숲과 같은 풍토를 이룰 수 없는 것일까 생각을 해 본다.

한때 무슨 행사나 경기 시작 전에 마스게임이 한창 선보인 때가 있었다. 그 당시는 기계적이고 획일적인 움직임이 절도 있게 보여 볼만했다. 하지만 지금은 자연스러운 리듬과 율동에 의한 파노라마 형태가 우리의 감성을 더 자극하는 행사로 눈요기를 한다. 사람 살아가는 태도도 모가 나고, 줄 세운 직선보다 곡선의 삶이 더 원만하고 합일적인 화합을 이루어 편안케 하는 것 같다. 다양한 형태의 초목이 그 성분에 따라 한데 잘 어우러져 무성하고 아름다운 숲을 이룬 것을 볼 때처럼. 우리가 앉을 자리에 따라 꼭 줄 세우고 맞추느라 밀어내고 잘라내는 현실이 안타깝다.

어쨌든 가정에서는 아버지의 일자리가 우선이어야 부(富)가 보장되어 자녀 교육도 제대로 시키고 가족이 행복을 누릴 수 있다. 그래서 지켜내야 할 자리였을 것이다. 거기에다 가족, 특히 자식들과도 함께 공유하는 시간도 가져야하는 슈퍼맨일 수밖에 없는 아버지. 이제는 퇴직한 자리가 가장자리가 아닌, 가운데 자리로 모시고 "존경하는 아버지, 감사합니다. 애쓰셨습니다. 박수를 보냅니다."라고 격려 받아야 할 마땅한 자리가 아닌가.

사람의 앉은 자리에 따라 웃고 우는 세상이다. '가운데 자리'

에 앉히고 싶은 이 땅의 아버지들의 오랜 수고 덕에, '한데 어울려 살게 노력한 덕'에 가정이 웃고 나라가 힘을 받았다고 할 수 있다. 때로는 그들의 인동초 같은 세월이 있었기에 무성하고 건강한 숲과 같은 터전, 가정을 이루었는지도 모른다.

세상 살아가는 이야기 · 5

- 시작하고, 저지르고

'청년은 산으로 가고, 노인은 사막으로 간다'는 말이 있다. 청년은 산에 올라 떠오르는 태양을 보고, 노인은 아름다운 노을을 보기 위해서란다. 이는 젊음은 막 떠오르는 태양을 향해 새로운 꿈을 다짐하게 하고, 노년은 서녘에 지는 노을을 보고 지난날의 삶을 뒤돌아보게 한다는 의미일 수 있다. 인생이 그리 만만하지도 않지만 손 놓고 있기엔 또 너무 짧기에 청년이든, 노인이든 긍정의 시각으로 시작하는 마음부터가 중요한 것 같다. 목표를 세우되 실패를 두려워하지 않으면서 '지금부터 시작이다, 한번 질러나 보자'는 도전정신으로 말이다. 물론 남보다 몇 배의 노력이 필요하겠지만 성패여부는 그 다음 일일 것이다.

얼마 전 신문에서 실리콘밸리 뚫은 '흙수저'란 제목의 기사를 봤다. 달동네, 지방대 출신에 토익 영어 점수가 600점대의 사람이 美실리콘밸리에서 연봉 3억 원이 넘는 소프트웨어 개발자로 성공한 이야기다. 그는 요즈음 유행하는 '흙수저(집안 배경이 좋은 금수저와 대비되는 말)'스펙을 가진 청년이다. 컴퓨터는 독학으로 배웠고 영세한 IT회사를 전전하다보니 12번 이직에, 회사별 평균 근속연수가 겨우 1년 정도였다고 한다. 절박한 상황에서 탈출하기 위한 심정으로 100여 곳의 기업에 원서도 냈다. 그러다가 한 지인의 제안으로 영어구사 능력도 별로였지만 미국의 한류 콘텐츠 회사에서 그의 도전이 시작됐다. 결국 미국 실리콘밸리에 가서 일하게 된 것도 역시 그런 도전정신이 있어서였고, 성공의 빌미가 됐다.

환경이 그보다 훨씬 나은 데도 자격증, 토익 점수 같은 스펙만 쌓고 도전하지 않은 사람에게 주어지는 기회란 좀처럼 오지 않을 것이다. 스스로 능력이 부족하다고 생각하며 주저앉으면 또한 결코 이기지 못한다는 얘기다. '헬 조선이니 N포 세대'니 하며 '흙수저'라는 이유로 꿈을 포기하려는 청년들에게 참으로 귀감이 되는 이야기다. 그 때문인지 요즘 우리 주위엔 장성한 자녀가 독립해야할 나이임에도 불구하고 부모에게 의존하고 사는 캥거루족이 많다. 부모의 근심이 늘어나고 심지어 부모자식간에 불화의 씨가 불행한 사건으로 이어지는 일도 일어나고 있지 않은가. 교육 제도부터 다시 생각해 볼 일이다.

그런 뜻에서 이스라엘의 특별한 교육 방식을 생각해 본다.

어느 교수가 스타트업을 통한 일자리 창출이 우리나라의 중요 사안이다 보니 이스라엘 한 지인을 만난 자리에서 질문을 했다. '어떻게 이스라엘은 그 어려운 조건과 상황에서도 혁신의 상징이 될 수 있었느냐'고. 엄청난 비결을 기대했다. 대답은 간단했다. '너무나도 당연한 것들을 실행했을 뿐'이라고 하면서, 다만 어려서부터 끝없는 질문을 통해 자녀나 학생들이 스스로 문제를 발견하고 해결하므로 틀에 박힌 관례나 관습을 믿지 말도록 교육시킨다고 했다.

또 하나 주목할 점은 세 번 망해야 산다는 것이다. 미래를 짊어질 젊은이에게 바로 최대한 빨리 실패하도록 도와주는 일이라고 했다. 역설적인 이야기지만 깊은 뜻이 숨어있다. 아무리 완벽하게 준비한 사업이라도 90% 이상 실패한다. 하지만 실패한 사람에게 한 번의 기회를 주면, 그중 50%는 성공하고, 두 번 실패한 사람에게 세 번째 기회를 주면 대부분 성공한다는 말이다. 자전거 타기 예를 들면 100번 관찰해도 나 자신이 100번 넘어지고 다치기 전에는 절대 배울 수 없다. '최대한 빨리, 최대한 저렴하게' 실패하는 방법을 가르쳐 주는 것, 이런 '성공적인 실패'야말로 성공의 비결이라 할 수 있다. 또한 고기를 잡아주지 않고, 잡는 방법을 가르쳐주는 게 이스라엘 식 교육 방법이다. 하지만 우리의 교육 방법은 학교에서는 주입식 책상 교육, 가정에서는 부모님의 지나친 자식 보호로 그와는 반대

다. 결과가 오늘날의 캥거루족인 것 같다.

누군가 말했다. '인생은 수저 한 벌만 쓰지 않는다'고. 요즘 청년들 사이에 출신, 성분, 환경에 따라 금수저, 은수저, 동수저, 흙수저라는 '수저 계급론'이 유행하고 있는 때 그분은 이 말을 하고 싶었든 게다. 사람이 평생 한 벌의 수저만 쓰지 않는다는 것, 노력해서 더 나은 수저를 쓰는 것이 진정 행복한 인생이라는 뜻에서 한 말일 것이다. 인생은 수저 한 벌만 쓰고 사는 게 아닌데 동수저, 흙수저 타령이나 하며 미리 좌절하고 도전과 노력을 않는데 문제가 있는 것 같다. 어찌 청년뿐이겠는가.

지난번 폴란드 바르샤바에서 쇼팽 피아노콩쿠르 본선에서 우리나라 조성진 군이 1등으로 우승을 했다. 피아노에서 손을 내려놓자 기립박수가 터졌다. 준비 기간 내내 쇼팽의 음악, 쇼팽의 삶 속으로 들어가 그와 동화되어 피나는 연습을 했다. 우승 후에도 앞으로 있을 순회 연주에 대비해 아무리 바빠도 하루에 4~5시간 연습을 빼먹지 않을 만큼 노력을 많이 한 결과다. 심사 때 심사위원 대부분이 10점 만점에서 8점 이상을 줬는데 반해, 그중 한 사람은 1점을 줬다는 걸 알게 됐을 때에도 웃으면서 "개의치 않았다."고 했다. "제 음악, 아니면 제가 싫었을 수 있으니까 그분의 의견을 존중하고 받아들인다."고 말했다. 도전의식과 함께 타고난 긍정적인 성격에 승자의 여유 있는 태도가 바로 인생의 성공자라 할 수 있다.

지난주 목연회 동인들의 출판기념 겸 송년회가 있었다. 송년회 타이틀이 '만년 청춘'이다. 그 타이틀을 보면서 청춘이라는 말만 들어도 마음이 설레는데 거기에 만년이라는 말까지 곁들였으니 가슴 뜨겁게 달굴 일 아닌가. 만년 청춘으로 산다는 것은 매사에 새롭게 '지금부터 시작이고, 저질러보는' 도전정신부터라는 생각을 해본다. 이럴 때는 청년이고 노인이고 따로 줄 세울 일 있겠나 싶다. 괜스레 움츠러든 내 어깨를 펴본다.